观风

陈舜臣说
中国文化与精神

[日]陈舜臣 著

黄生 译

天津出版传媒集团

天津人民出版社

图书在版编目（ＣＩＰ）数据

观风：陈舜臣说中国文化与精神 /（日）陈舜臣著；
黄生，译. -- 天津：天津人民出版社，2024.2（2024.8重印）
ISBN 978-7-201-19893-4

Ⅰ.①观… Ⅱ.①陈… ②黄… Ⅲ.①中华文化 - 研
究 Ⅳ.①K203

中国国家版本馆CIP数据核字(2023)第196702号

© Chin Shunshin 2009 Printed in Japan
简体中文翻译版权由创译通达（北京）咨询服务有限公司独家授权代理

著作权合同登记号：图字02-2023-189

观风：陈舜臣说中国文化与精神
GUANFENG：CHENSHUNCHEN SHUO ZHONGGUO WENHUA YU JINGSHEN
[日]陈舜臣 著　黄　生 译

出　　版　天津人民出版社
出 版 人　刘锦泉
地　　址　天津市和平区西康路35号康岳大厦
邮政编码　300051
邮购电话　（022）23332469
电子信箱　reader@tjrmcbs.com

责任编辑　岳　勇
特约编辑　张素梅　海　莲
封面设计　吴黛君

制版印刷　三河市宏达印刷有限公司
经　　销　新华书店
开　　本　787 毫米×1092 毫米　1/16
印　　张　15
字　　数　217千字
版次印次　2024年2月第1版　2024年8月第2次印刷
定　　价　69.00元

目录

1

1

平凡社[1] 出版了由日本考古学家关野雄翻译的《长沙马王堆一号汉墓》的报告书。近来，由于两千年前的女尸被发掘出土，就连那些原本对历史和考古了无兴致之人，也对此墓抱有浓厚的兴趣。这具女尸便是轪侯夫人。据《史记》十表之一的《惠景间侯者年表》（下文简称为《年表》）记载，初代轪侯名曰"利苍"，《汉书》记为"朱苍"。惠帝二年（前193年）四月，他受封为轪侯。

据《年表》记载，从汉惠帝至汉景帝的五十余年间，受封侯爵者九十三人，轪侯位列第二。九十三人中以皇族为最，当然，也不乏驰骋沙场、建立勋业的将军以及前来投顺归化的外邦异族首领和朝臣。《年表》中专辟"侯功"一栏，简略地记载着封侯者的功绩。举例而言，受封为襄成侯的刘义，"侯功"为"孝惠子侯"，意思是说：他身为惠帝之子故受封为侯。据此可知，出身也列入功绩之中。不过，轪侯的"侯功"为"长沙

---

[1] 平凡社：日本综合性出版社，创立于1914年。

相侯"，意思是说：他为长沙王丞相而受封为侯。食邑[1]七百户。

轪侯在《年表》记载中位列第二，居首位者是便侯——吴浅，其"侯功"为"长沙王子侯"，意思是说：他身为长沙王之子故受封为侯。食邑二千户，受封于惠帝元年（前194年）九月。是年，二代长沙王吴臣薨，吴回继位，两人皆为嫡系子孙。此外，初代长沙王吴芮另有庶子，受封为"便侯"的吴浅就是其中一人。

《汉书·韩彭英卢吴传》记载："至孝惠、高后时，封芮庶子二人为列侯……"除吴浅外，另一人便是吴阳——吴成之子，吴芮之孙。他在吕后（即《汉书》中所记的高后）时代受封为浣陵王。

长沙王之孙受封为侯，尚可理解，但连丞相也分封为轪侯，则着实令人费解。《年表》中不乏诸王之相受封为侯者，略陈其要，即为在平定吴楚七国之乱的战事中战绩赫然的将军，抑或是江都相……若诸王之相也具备受封为侯的资格，通常情况下应说明其赫赫功绩。

但是《年表》中对轪侯功绩的记载，仅为"曾任长沙王丞相"。他并非因为建功立业，终成长沙王丞相，而是一开始就身居该职，辅佐长沙王料理政务有功，遂册封为侯。不过，由于史书中并未详细地记述其具体功绩，我们只能作此解读。

轪侯曾辅佐之人便是初代长沙王——吴芮。

吴芮堪称传奇！

汉初，非同姓而王者，八人。齐王韩信、韩王韩信、燕王卢绾、梁王彭越、赵王张耳、淮南王英布、临江王共敖以及长沙王吴芮。除吴芮外，其余七人都被朝廷铲除。此后，"非刘氏者，无以成王"的说法似乎成了汉王朝的律法。吕后欲立诸吕为王时，右丞相王陵极力反对，说："高帝（刘邦）刑白马而盟曰：'非刘氏而王者，天下共击之。'今王吕氏，非约也。"不过，即便是王陵强烈反对之时，世间还存在一位异姓王——吴氏

---

[1] 食邑：中国古代诸侯给所属的卿、大夫封赐的田邑，又称为封地，可以世袭。

王，即长沙王。

我之所以在前文中大赞"吴芮堪称传奇"，就因为他超越了汉王朝律法，成为绝无仅有的特例。不过，为何吴芮能够享受这般特殊待遇呢？就连汉武帝时代的司马迁也甚觉不可思议。

当吴芮庶子吴浅受封为便侯时，司马迁在《年表》开篇做了如下记述：

> 太史公读列封至便侯曰：有以也夫！长沙王者，著令甲，称其忠焉。昔高祖定天下，功臣非同姓疆土而王者八国。至孝惠帝时，唯独长沙全，禅五世，以无嗣绝，意无过，为藩守职，信矣。故其泽流枝庶，毋功而侯者数人……

他把吴浅受封侯爵的原因归功于"忠义"二字。

"忠"，是一个模糊的概念，只有通过实际行动加以证明，才能令人信服，比如亲征沙场、骁勇善战的壮举，抑或识破造反者阴谋，防患于未然的智行……唯有如此，"忠臣"之谓才算名副其实，令人心悦诚服。

那么吴芮究竟是如何"尽忠"的呢？

吴芮曾任秦朝番阳县令。番阳，即今江西省鄱阳县，因紧邻鄱阳湖而名之，距"瓷都"景德镇亦不远。秦始皇施行郡县制，将天下划为三十六郡，郡下设县，大小不一。下辖之县满一万户时，长官称为"县令"；不然者，称"县长"。吴芮虽为番阳县令，但官阶不高。原本"县"同"悬"，意谓"依附他者，自己并非主体"。依附于郡，位居州、府之下的行政单位——县，其首长可视同现在的村主任级别。

单单是"郡"，全国就有三十六个，其下辖的县则数百有余。县令之职根本无法成为吴芮的"功绩"。那么为何在百余名县令中，唯独吴芮能受封为王呢？接下来请同我一起翻阅史书，一探究竟！

秦末，群雄四起，对抗朝廷，吴芮追随项羽。《史记·项羽本纪》载

軑
音大。索
隱曰縣名戶
在江夏

隱曰縣名戶
在江夏

長沙相
子侯利君
隱曰漢書
作軑侯失爵

二年四月庚
年

三年

侯七百
六元年。索
隱曰彭祖
元年

十六
年侯彭祖

元封元年侯秩
為東海大守
發卒兵為衛
行過不請擅
當斬曾赦國除

六五
五年六
年侯豨
元年

八六十

二六
二年侯成
元年

三年

三十

東海
索隱曰屬
隆定齊
侯千戶
到元年

平都
高祖三年
二月乙亥
孝侯劉

二
八

二
三
元年

三年
四年侯成
後元二
有罪國除

王十四
除

右孝惠時二

扶柳
高后妹長
姁子侯
名屬劉信都
索隱曰縣
姁子侯

元年四月
庚寅侯
昌平元年

七
八年侯
平坐呂
氏事誅
國除

及從代來吳楚之勞諸侯子弟若肺腑歸義封者九十有餘咸表始終當世仁義成功之著者也

國名	侯功	孝惠	高后	孝文	孝景	建元至元封六年三十六
		七	八	二十三	十六	十六
便 索隱曰漢志縣名屬桂陽便音鞭	長沙王子 項王 吳淺	元年九月		後七年恭侯信元年	前六年侯廣志元年	元鼎五年侯千秋坐酎金國除 大初已後

《惠景间侯者年表》（部分）
取自《史记》，西汉·司马迁撰
南宋建安黄善夫家塾刊本

曰:"鄱君吴芮率百越佐诸侯,又从入关,故立芮为衡山王,都邾。"百越即为南方沿海一带的古越部族。吴越时期,江苏为"吴",浙江为"越",从福建、广东至越南均为越族之地。

在中原人眼中,百越之民都是尚未开化的野蛮人。不过,由于他们常年聚居山野,所以相当善战。在伐秦征战中,吴芮率领未开化部落投奔项羽麾下。

只是史书中并没有"吴芮所率百越军取得决定性胜利"的相关记载。在定天下大势的重要决斗中,全然没有吴芮的身影。其原因可能为他们的确参加了战斗,只是没有在载于史册的大战中充当主力。

这里首先要明确的是,《史记》并非是为吴芮一人立传之书。前文提道:汉初,非刘氏王族的异姓王有八人。其中,临江王共敖作为刘邦和项羽名义上的盟主而任楚义帝熊心柱国[1],故另当别论。除吴芮之外,其余六人皆载于《史记·七十列传》中,唯独吴芮一人没有传记。

怪哉!是因为吴芮没有足以立传的功绩吗?那他何以受立为王?这着实令人顿生疑窦,或许只能解释为吴芮的确立下了足以受封为王的功绩,只是未载入正史当中。这令我不由得觉得他是位来无影去无踪的"影子人"。

2

司马迁可谓是名冷静客观的历史记述者。不管被记述者身居何职,他只为值得立传之人立传,而对那些功德不足以记述之人,则断然略过,如西汉第二位皇帝——汉惠帝。在《史记·十二本纪》中,《汉高祖本纪》后紧接着的便是《吕后本纪》,直接略过了惠帝。

他连皇帝本尊都毫不顾及,更何况是区区一个王呢!司马迁断定:吴

---

[1]柱国:战国时楚国设置的官名,原本是保卫国都之官,后为楚的最高武官。

芮的生平事迹不值得立传。

如此看来，恐怕吴芮是在幕后立下了赫赫功绩，只是此等功绩无法置于台面之上，也就不能载于史册之中。于是乎，后世之人不禁心生困惑——他到底为何能够成王？对此，众说纷纭，莫衷一是。

汉高祖末年，非刘姓王者独剩长沙王一人，是谓反常之反常。在接下来的吕后时代、汉文帝时代，长沙国依然屹立不倒。直至公元前157年，第五代长沙王吴著薨，后继无子，长沙国才就此湮灭于漫漫历史长河中。

《汉书》的作者班固将毫无作为的汉惠帝也写入本纪中。他似乎考虑到：虽然初代长沙王吴芮并无卓越战绩，但他作为唯一一位长存于世的异姓王，自当简单为其立传。因而，在《汉书》中班固为吴芮立传，使其跻身韩信、彭越、黥布、卢绾之列。只是在这五人的传记中，吴芮的传记字数奇少，寥寥二百余字，不由令人觉得他只是个陪衬角色罢了。

《汉书·吴芮传》载曰："甚得江湖民心，号曰番君。"据说，扬子江[1]与鄱阳湖流域的百姓极力拥护吴芮，这位"村主任"可谓深得民心，其中十有八九是位有头有脸的侠义之士。当时，被朝廷通缉的罪犯往往会选择投奔此等侠客头领，以求庇护。当然，一旦入其麾下，就必须赤胆忠心地为其卖命，即便上刀山下火海。翻看《史记·黥布列传》，我们可以得知：吴芮的"座上宾"中不乏这类逃犯。

黥布姓英，原名英布。不过，比起本名"英布"，绰号"黥布"更为响亮。他因触秦律而被黥（即受墨刑），故世人以"黥布"唤之。史学家们也常以"黥布"之名称之。举例而言，司马迁在《史记·黥布列传》中就果断使用"黥布"二字；班固虽在《汉书》的标题中采用"英布"二字，但在正文中还是唤其为"黥布"。

---

[1] 扬子江：长江下游河段的旧称，即从南京以下至入海口的下游河段，流经江苏省、上海市。

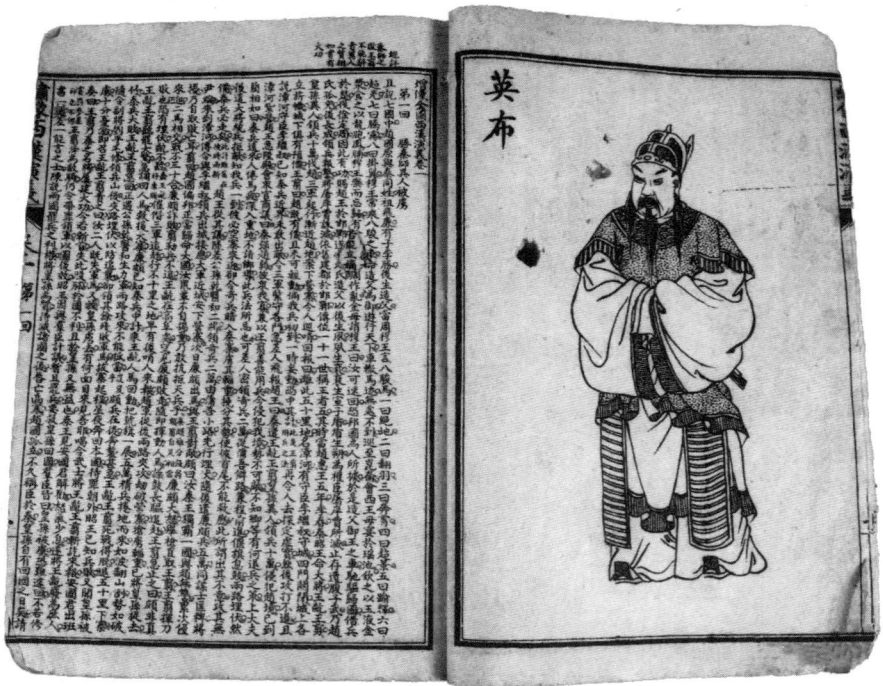

英布画像
清光绪年间石印小说《绣像西汉演义》插图

*《西汉演义》作者甄伟，字不详，号钟山居士，金陵人；生卒年均不详，约明神宗万历初前后在世；著有《西汉通俗演义》八卷，另有《中国通俗小说书目》传于世。

黥布年轻之时，相面先生曾说："汝乃王侯将相之面相，然，当刑而王。"此等逸事，《史记》和《汉书》中皆有记载。随后，英布果真触犯了秦律而被施以墨刑，他本人却笑言："人相我当刑而王，几是乎！"

古代中国人对"预言"深信不疑，他们称"预言书"为"谶"。世人深信：万物皆有定数，人的命运天注定。预言书自然是由难解字句写成，令人叹其深奥，深信其能解所有疑团。也正因为其解高深莫测，才为世人这般珍视。总之在那个年代，预言书不计其数，横行世间。《三国志》中记载着枭雄董卓火烧洛阳迁都长安的故事。长途跋涉中所能携带的行李十分有限，他唯独对预言书的搬运小心翼翼，唯恐有所不周。遗憾的是，因隋炀帝对此类妖书、预言书厌恶至极，故下令付之一炬，如今我们亦已无从知晓此类预言书中所记载的内容。

至于面相先生见到黥布时的预言，也不可轻信。在遭受墨刑后，黥布被流放骊山，服役以修筑绮丽奢华的秦始皇陵墓及宫殿。骊山囚徒多达数十万！随后，黥布成了这帮人的头目，最终率领部分人成功逃脱，而后又迫不得已沦为了盗贼。他生于九江郡六县（今安徽省六安市），扬子江流域皆为他的地盘，所以他逃亡至这一带。不过，因无法正大光明、堂堂正正地立于世间，九尺男儿黥布最终投奔了当地的头领——吴芮，藏身于他处。

"此人定有所作为。"吴芮当时如是断定，于是，义无反顾地将自己的女儿下嫁于他。对方是逃犯，若无绝对过人之处，吴芮定不会将女儿托付于他。果不其然，黥布可谓是沙场上不可多得的奇才。当然，能够识得英才的吴芮本人也拥有高人一筹的眼光。

陈胜、吴广揭竿而起时，吴芮预见了秦王朝大厦将倾，便顺势加入反秦阵营中。只是他本人并未亲赴沙场，而是命女婿黥布率数千部下北上攻打秦左、右校尉。黥布在清波处告捷后，向东挺进。起初，他带领的部队归属项梁，渡淮水，向西进发。项梁死后，他便归入项羽麾下。在西征过程中，黥布军英勇善战，从众军团中脱颖而出，拔得头筹。黥布也因此成了众望所归的大将军。

面对秦王朝的暴戾恣睢，被编入谪戍队伍的陈胜首先举起了反抗的大旗。当时，巧逢天降大雨，道路不通，根本无法在期限内到达工作地。他思忖着，"反正期限已误，必将受罚，怎么也逃不过一死，还不如现在就反了！"于是，全国各地的部队纷纷响应。这当中的部队首领分为两类人：一类是像陈胜这般挣扎于社会底层的劳苦民众；另一类则是如项梁、项羽等遭到秦朝灭剿、威望中天的旧势力。刘邦时任沛县泗水亭长，相当于驿站书记的下贱人士，故更接近前者，逃犯黥布更是属于前者。总之，秦末反秦联军的性质极其复杂，他们的初代盟主为最先揭竿而起的陈胜，后战死沙场。项梁等人闻讯后，便拥立楚怀王为首领。起义军的首领由人人拥戴的豪杰一下子变为没落贵族。从盟主的交替中我们也可略窥反秦联军的复杂性质。

黥布远征赵国，渡黄河与秦军交战，以寡兵破大军。项羽随后沿黥布所辟之路挺进。从上述事迹来看，若要论功行赏，伐秦战中最大的功臣无疑就是前锋——黥布。因而，项羽册封黥布为九江王。

不过出逃之时，黥布所率领的逃犯人数并不多。所以他加入反秦联军时的兵力，无疑是其岳父（即当地头领）吴芮召集起来的。吴芮像出借商业资本一样，将兵卒借与黥布。换言之，黥布不过是吴芮的代理人，抑或是作为部下，辗转于沙场间。

黥布受封为王是不争的事实！如此一来，如果居其上位者吴芮不受封为王的话，也着实说不过去。

3

项羽封吴芮为衡山王。

反秦联军直逼秦王朝都城——咸阳之际，吴芮率南方各部落加入西征军。《史记》记载："率百越佐诸侯，又从入关，故立芮为衡山王。"《史记》

和《汉书》均使用了"佐"字。虽加入诸侯的伐秦大军，但吴芮将重点置于"辅佐"上，而非举兵响应，奋起杀敌。

据笔者推测，吴芮当时主要负责管理反秦联军的兵站 [1]。从扬子江至鄱阳湖流域的"水乡"皆属吴芮的地盘，他所率领的百越军，多习惯于水上生活。吴芮率运输部队，意欲从军。他们驶船将南方的粮食尽可能地运往各地，在陆地上交接以增加军队的物资补给。若只是辅助诸侯打理此类事务，"佐"字可谓妙哉！

沙场之上，刀枪剑影，金戈铁马。相比之下，居于幕后的武器、粮食等补给工作则是毫不起眼。翻阅各大史书，我们不难发现上面详细记载着重大战事的来龙去脉，但史家之笔却极少触及补给之务。换言之，补给虽是战争的重要组成部分，但载于史册的例子却少之又少。

吴芮正是此项工作的负责人。他虽无赫赫战功，却受封为王，这其中的缘由在此便可略知一二。补给不单单指运输，还包括武器、粮食的筹备。此类辎重，无法强取豪夺而来，若为之，则人心尽失。在那个荒蛮年代，强取豪夺征取物资的部队常常会受到当地百姓的偷袭和报复。故筹措物资方面，财力必不可少。

若是细数物资购入、运输队员军饷等费用，可以毫不夸张地说，补给就是一场财力战。于是乎，我们可以以此推断：吴芮拥有相当的资产。上文提及他借兵给黥布，这不仅仅是出借士兵这么简单，一定还在背后帮忙打点装备、兵粮、军饷等杂务。更何况，他所"佐"之人，并非单单黥布一人。

他所佐之人还有一位，此人便是梅鋗。据《史记》所载可知：公元前207 年，刘邦回军攻打胡阳（今河南省南阳市唐河县西南）时，遇梅鋗，同他一起攻破析（今河南省南阳市西峡县）、郦等县。那时，梅鋗为"番

---

[1] 兵站：军队设置在战场后方的机构，主要负责补给作战所需物资以及维修、联络等。

君别将"，即吴芮的别将。"别"字何意？《汉书》注解者——唐代颜师古（公元581年—公元645年）注解道："小将别在他所者。"梅鋗虽为部将，却不与总帅本队一同作战，类似于独立别动队[1]的队长。如此看来，黥布也曾为吴芮的别将。

灭秦后，项羽论功行赏。黥布受封为九江王。梅鋗虽只受封为侯，居王之下，但也位居食邑十万户的大侯之列。可见，别动队队长梅鋗的军功何其显赫！

吴芮的部下一个是王、一个是近乎王的大侯，那作为头领，自然也就受封为衡山王。除自身势力外，部下势力也有助于吴芮巩固地位。《汉书·韩彭英卢吴传》中记载："其将梅鋗功多，封十万户，为列侯。项籍（即项羽）死，上（即刘邦）以鋗有功，从入武关，故德芮，徙为长沙王，都临湘……"这便是梅鋗的赫然之功。因吴芮充分发挥头领作用，教导有方，所以刘邦以其贤德，封其为长沙王，赐都临湘。

世道艰难，乱世尤是。因部下的功绩，头领幸以悠然度日，但这其中也必然潜藏着不少问题。不过，吴芮既为头领，定是有相应的功绩，只是这部分功绩并未记载于册，所以我们后世之人已无法谈之论之。或许是为了令册封吴芮为王一事更加合乎情理，史书上才将他的功绩记为因部下战果累累。部下英勇善战，这无疑是首领吴芮的一大功绩。只是，他的贡献远不止此。在讨伐秦王朝之际，吴芮所做出的突出贡献全然超乎笔者的想象，令人咋舌不已！

秦始皇下令迁六国豪强贵富于咸阳。若将他们置于地方，恐鞭长莫及，若令他们迁居咸阳，则便于就近监管。秦始皇二十六年（公元前221年），史书载曰："迁天下富豪于咸阳，十二万户。"十二万户，乃为惊人之大数！秦始皇试图将有能力割据一方的豪杰富商皆集于膝下。只是，如此浩大之工程，纰漏在所难免——若干富豪并没有位列其中。始皇帝虽网

---

[1] 别动队：指离开主力部队单独行动，以将主力部队引向有利的部队。

罗了天下大地主，但中小地主尚且留于地方，且还有些伪装成中小地主的大地主也幸免于"迁徙令"。此外，当时即便还是中小地主，一旦居于上头的大地主迁居咸阳无人压制后，他们就会渐渐蚕食地盘，积累财富，一跃变成富甲一方的大地主。

那么，吴芮既如此富裕，为何没有迁居咸阳呢？——他是伪装成中小地主的大地主呢？还是从中小地主爬升为大地主的呢？答案已无从知晓。但，可以明确的是，他的确坐拥着雄厚的财力。在漫漫历史中，吴芮虽无令人津津乐道的英雄事迹载于史册，但从他将黥布和梅鋗两位王侯将相收于麾下的举动中，就可窥知其非凡的实力。

吴芮不愧是名威震四方的"影子人"。

项羽封天下诸侯
《绘本汉军楚谈》插图，北尾重政绘

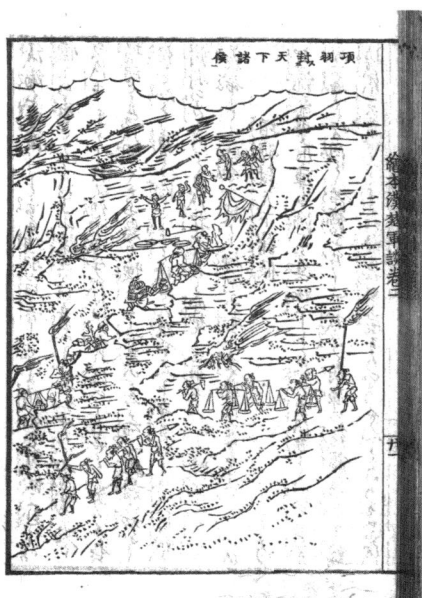

4

秦王朝大力打压大地主和小商人，百姓只得务农或从事手工业来维持生计。秦始皇下令，强制迁徙十二万户大地主于咸阳，这于大地主而言无疑是晴天霹雳。小商人由于也不从事生产性劳作，故也遭受强力打压。然而，大实业家却是例外，就如《史记·货殖列传》中所记载的乌氏倮、巴寡妇清，秦始皇把他们当作上宾招待。因此，拥护秦王朝统治之人只有大实业家及中小地主。

秦朝推行中央集权制，连各地郡守都由中央任命。县以下官员（即乡官）有时也由当地的中小地主担任，前文提及的番阳县令吴芮，就为其中一例。

当他还是中小地主时，曾极力拥护秦王朝的统治。只是随着自身势力不断强大，跃居大地主之列后，他也势必不再效忠朝堂。由于财力过于雄厚之人会被勒令迁往咸阳，所以他终日惶惶不安，整日费心于"伪装成中小地主"。从这一性质来看，秦朝的地方势力从一开始就具有潜伏性。中小地主们深藏不露，居于幕后做实力强大之人，他们正是所谓的"影子人"。

高祖五年（公元前 202 年），吴芮受封为长沙王，是年薨。翌年，长子吴臣继位。吴芮曾将爱女下嫁给尚未成名的黥布，由此可推知：在烽烟四起的秦朝末年，吴芮已然年迈。

秦朝推行高压政策，大力打压大地主。不过，吴芮却能幸免于难。从中也能窥知其非凡之才，不愧为一位深谋远虑的"影子人"。当时，倾力指点抑或辅助吴芮之人正是丞相利苍，即轪侯。

所谓"深谋远虑"，不单是指他行事小心谨慎。一直居于幕后运筹帷幄固然不错，但也不是长久之计。于他们而言，最重要的便是准确把握时代发展趋势的能力。正是预见了秦朝将亡，吴芮才借兵给黥布和梅鋗，令其加入反秦联军。倘若畏首畏尾、不敢大胆做出此举的话，只怕吴芮的势力早已被反秦联军消灭殆尽。于乱世中，在保存自身势力的同时，勉力生存下去绝非易事。

秦亡后，刘邦和项羽开始逐鹿中原。吴芮的两名大将中，黥布与项羽交好，梅锅曾同刘邦联合作战，归属刘邦。于是，他便充分利用错综复杂的形势，一面讨好项羽，一面追随刘邦。但他深知，一直这么下去绝非妙计。凭着敏锐的洞察力，吴芮预见到项羽行事不得人心，天下迟早为刘邦的囊中之物！

史书记载，随何劝服黥布转投刘邦麾下。时值高祖三年（公元前204年），吴芮尚为衡山王，都城在邾（今湖北省黄冈市），距黥布所辖的九江（今安徽省、江西省、河南省淮河以南及湖北省黄冈市以东）不远，再加上那一带得天独厚的地理优势——水网密布，四通八达——因而黥布定同吴芮保持着联系。

楚还是汉？在考虑此等大事时，黥布自然不会只听信刘邦的代言人——随何的一面之词，他定会自行分析当下大势，想方设法全面搜罗资料。不过说及资料，头领吴芮处自然最为齐全。当然，黥布自己也想了解头领的想法和意见以做参考。

汉朝史官如实记下了随何的陈述。因此，无论《史记》还是《汉书》，都将黥布的倒戈归功于随何。当然，拥有三寸不烂之舌的随何的确动摇了黥布，这点毋庸置疑。但头领这般亲近之人尚在咫尺之间，前去商讨一番也全然合乎情理。

黥布归附刘邦后，项羽运势开始下行。高祖四年（公元前203年），九江王黥布获封为淮南王。高祖五年（公元前202年）十二月，项羽于垓下（今安徽省宿州市灵璧县东南）听闻四面唱起楚歌，落荒而逃，随后自刎。两个月后，同年二月（当时新一年从每年十月开始），汉王刘邦在汜水（今山东省菏泽市定陶区）登基为帝，随后立马颁布诏书，封衡山王吴芮为长沙王。长沙地大物博，此举无疑是对吴芮的褒赏，是谓升迁。史书中虽未明确记载吴芮的功绩，但刘邦即位后的第一件事便是提拔吴芮，从此举中，我们可窥知吴芮的功绩是何等斐然！

刘邦登基时已年过半百。由于当时社会的平均寿命较短，他自知时日不多。于是，他想趁早铲除开国勋臣以绝子孙后患。但是，其中却有个特例！他反其道而行，违背削弱功臣势力的方针，大力提拔吴芮，封其为"长沙王"。此举大概是为使这位"危险功臣"放松警惕。换言之，他并未将吴芮视为威胁。

吴芮并无赫赫战绩，不过是做些不起眼的补给、运送工作，因在这方面功绩盛硕才受封为王。由于他并非是驰骋沙场、运筹帷幄之人，故于刘邦而言，不足为惧。想必吴芮是故意采取这般姿态。虽然征战沙场的英雄前途无量，但也伴有不可预知的危险。他将英雄之位交于部下黥布与梅锅，同时与建功立业后的英雄部下刻意保持距离。至黥布归期之时，史书上都没有记述吴芮同他俩亲密交往。昔日的部下出人头地，作为头领摆出一副骄傲姿态也乃人之常情。但吴芮不但没有这么做，还刻意同他们保持距离，真可谓不折不扣的大人物！

5

长沙王定都临湘。湖南为典型水乡，湘江乃最具代表性的河流。临湘，顾名思义即临湘江而立之城，大致位于现今长沙市附近。这一带土地虽然富饶肥沃，但距当时的政治中心——中原地区太过偏远，长沙可谓"南方的边境"。

若想在此养精蓄锐，直攻中原的话，路途未免太过遥远。如此看来，不但吴芮本人毫无威胁可言，且从当时的政治地理角度来看，长沙这片土地也足以令君王心安。

秦末汉初，时值公元前3世纪。由于年代久远，流传于世的记录并不多，仅凭此就妄下断言——吴芮就是当时的幕后之手，此举未免过于草率。当时，横行于世的幕后人物是指那些藏身暗处、操控他人、搅动世间风云之人。或许在部下黥布和梅鋗两人如日中天之时，可稍稍窥知吴芮居于幕后运筹帷幄的迹象。不过从后代长沙王的行事作风来看，他们虽依然身居幕后，但却并没有操控他人的翻云覆雨之举，而是一味地藏其锋芒、避世保身。他们并非是为了操控庙堂红人而隐于幕后，只不过是深感朝堂之上暗箭难防，因而选择隐避幕后，屏息静观世事变迁。

吴芮于高祖五年（前 202 年）二月受封为长沙王，是年七月薨。故上文所述皆为吴芮子孙之举。若他本人更久活于世的话，我们也无法预测究竟会有何事发生，或许他会使尽残酷的幕后操控手段。

高祖刘邦杀韩信，除彭越。不过，其妻吕后对"铲除功臣"之举更为狂热。不久，此般灾祸便降临到了黥布头上。据《史记》记载，黥布反叛实则为女人所累。当时有一位替黥布爱妾看病的郎中，他对门住着一名士人，名曰"贲赫"。因平日走动方便，贲赫有一次陪同黥布爱妾在郎中家饮酒。妾室却不小心在黥布面前说漏了嘴，惹得黥布心生怀疑，怀疑贲赫与其爱妾有染。于是，贲赫终日惴惴不安，唯恐遭受杀害。在恐惧的支配下，他逃离淮南，直奔长安，向圣上控告"黥布意图谋反"。于是高祖派使臣前往淮南，对"黥布谋反"一事进行彻查。黥布闻讯后，当即举兵反叛。

历史的真相究竟如何，我们已不得而知。这或许只是汉高祖随意找的理由，意图除掉黥布吧。高祖驾崩后，无论如何都要铲除那些可能对汉王朝构成威胁、存有二心的权贵。

讨伐黥布一战中，高祖刘邦亲征沙场。据说，刘邦一见黥布的排兵布阵就恍如见到当年项羽的阵法，气色大变。黥布亦派出精锐部队迎战。但由于对手是天子亲率的部队，几经交战后，黥布所率的部队节节败退，无奈之下只得横渡淮河，带领残兵败将逃窜江南。

这时，长沙王派密使造访黥布。当时，吴芮早已西去，其子吴臣继位。嗣立的这位长沙王吴臣正是黥布之妻的同胞兄弟。密使传达，"因君反叛，天子亦将以反叛罪讨伐吾国。莫不如携手出逃。长沙之南，越地广博，终有匿身之地。务必请君赴约"。在长沙王密使的此般邀约下，黥布心想：危难时刻，唯姻亲不弃。

不过，想必这只是长沙王这一幕后王家的阴谋，他一定是在策划更为阴险之事。因姻亲黥布谋反，长沙王也必难辞其咎，更有甚者，难逃连坐诛杀之命。因而，二代长沙王吴臣必须做好被灭满门的觉悟。但唯有一计可幸免于此难——取黥布首级，敬献长安城。诛反臣之功，可抵一切罪责。

密使的约请，无疑是为取黥布首级而设的骗局。只是黥布对此毫无察觉，轻易上了钩。果不其然，他在途经兹乡之时为长沙王耳目所暗杀。头领为保全自身而不惜暗算部下，此乃背信弃义之举！

长沙王吴芮一直身居幕后，不曾在世人面前大放异彩。即便他在幕后肆意妄为，也能避人耳目。世间那些不可为之事，一旦转入幕后似乎就变得理所应当、合情合理了。长沙王家族大概早已习惯了这般行事方式吧。

在吴芮西去以后，子孙们为保全长沙国而不惜诱杀黥布。即便是做这般寡义卑鄙之事，他们也自觉问心无愧。

诱杀黥布一事发生于高祖十二年（公元前195年），就在两年之后，利苍受封为轪侯。

在此，我做出大胆推测：长沙王丞相，即陪臣之所以能够分封为侯，是因为他策划诱杀黥布而使汉王朝大获全胜。

吕后三年（前185年），长沙国丞相利苍薨，其子嗣轪侯之位。

至此，长沙王吴芮及其丞相轪侯利苍为何许人物，想必大家都能想象到吧。

至于轪侯夫人，则无须想象，因为我们可以亲眼看到汉墓中挖掘出土的轪侯夫人遗体。从她胃里的食物来看，我们甚至还能进一步获悉这位夫人平时爱吃甜瓜。

英布反汉被擒
《绘本汉楚军谈》插图，葛饰北斋绘

6

吴氏长沙王作为唯一一位异姓王长存于世，想必另有其因。

行文至此，我一直称长沙王为唯一一位异姓王。但这一说法其实并不准确，更为正确的表述应为长沙王是唯一一位本族异姓王。当时，汉朝认可两大异族王的存在，即闽越王和南粤王。二王皆为闽粤一带少数民族聚居区的首长，南粤王赵佗，闽越王无诸——越王勾践后裔。

异族王通常委以管治少数民族、维系边境安全的重大任务，故而与汉朝政权并存于世。如前文所述，当时汉朝以中原为中心，长沙是谓"南方的边境"。据此，近代历史学家范文澜先生曾解读道："长沙王或许也被委以管治少数民族、维系边境安全的重大任务，故而长存。"

"长沙马王堆出土的汉墓中，轪侯夫人的遗体如活人一般。"当读到这则报道时，我条件反射般地想到了轪侯主君——长沙王吴芮的遗体。

故事发生在魏黄初年间（公元 220 年—公元 226 年），即吴芮西去四百二十余年后。三国时代，扬子江沿岸至长沙一带皆属吴国孙权统治，孙权称王后，定年号为"黄武"。他欲为先父——二十余年前仙逝的孙坚修建庙宇。在那个时代，大兴土木时通常有两种做法。一是在山林伐木取材。此外，还有一种通常的做法——毁坏原有庙宇，利用那些木材重新修建新庙宇。

陵墓中有庙宇，除此之外，地底下还埋有可作建筑材料的木框架及其他"宝藏"，而权贵们的陵墓更是极尽奢华，使用的木材皆属最上等的优质木材。当时，孙权看中的便是吴芮之墓。相传吴芮的陵墓位于古时候的临湘县，长超六十八丈[1]，相当于两百米。至于这一长度是单边长度，还是周长，我们已不得而知。只是此乃汉初长沙国最高权力者之墓，势必宏伟壮观！就连食邑七百户的小侯——轪侯夫人之墓也这般惊人，可想而知，其主君——吴芮之墓是何等壮阔。

掘开陵墓后，棺木中发现了吴芮的遗体，《太平广记》载曰："见芮尸容貌、衣服并如故。""如故"的意思即为"与仙逝时并无两异"。如今，我们将两千年前轪侯夫人的遗体描述为"如活人一般"，想必在仅隔四百二十余年的孙权时代，挖掘出的吴芮遗体更是"如活人一般"吧。这大概还得益于"王"的身份比"侯"更为尊贵，埋葬之时更为考究。当然，吴芮本人为求遗体的保存更为妥善而试遍了世间之法。

---

[1] 丈：日本"尺贯法"度量衡制的长度单位，1891 年（明治二十四年）将一百米定为三十三丈。

相传，掘墓之事过去四十余年后，一名现场观摩者在寿春（今安徽省淮南市寿县）遇见了南蛮校尉——吴刚。当下，他不由得感慨道："你简直长得跟吴芮一个样儿，只是个头儿稍微矮了点儿……"听罢，吴刚脸色大变，说："吴芮乃是我的祖先。"王先谦先生将此段逸事述于《汉书》补注之中。

至于长沙马王堆一号墓所用的材料，我并无科学见解。但我始终认为长沙这片独特的土地及保存方式，使得古墓中的死尸得以保存成百上千年而不腐烂。我曾看到考古报告上记载着：遗体的下半身浸在红色的水中。那么，这红色的水究竟有何功效？

1975 年，我有幸实地参观了敦煌莫高窟的石窟寺。在四百九十二个洞窟中，初唐、盛唐的诸个石窟给人强烈的奢华感，而晚唐后的文物总令人心生寂寥。于洞窟内四处转悠时，我发现盛唐以前的文物以红色居多，而到晚唐之后，主调颜色变成了青绿色。我恍然大悟，正是色彩上的差异令我产生了两种截然相反的感受。我将此事告知敦煌文物研究所的工作人员后，他们解释道："到了晚唐时期，即安史之乱后，敦煌便被吐蕃占领了长达六十余年，之后也被掌控于地方政权下。由于敦煌地处偏远，与当时的中心地区交往不便，因而很难得到湖南的朱砂，西藏生产的青绿自然就成了主要颜料。"

听闻湖南的朱砂时，我不由得联想到轪侯夫人的遗体。

长沙王吴芮可谓是谜一般的存在——生前一直退隐幕后，离世后却登上"白昼"舞台，进入公众视野。仙逝四百余年后，吴芮的遗体竟依旧如活人一般，震惊世人。

初代长沙王吴芮仙逝后，其子吴臣继位，继而吴臣之子吴回嗣位，又传吴右、吴著两代。汉文帝后元七年（公元前 157 年），吴著（与《汉书》所载有一定出入）薨，无子。因长沙国后继无人，终灭。尔后，汉代再次册封的长沙王为皇族人员，与吴氏毫无瓜葛。景帝二年（公元前 155 年），景帝之子刘发受封为长沙王，他是武帝同父异母的亲兄弟。

后汉时期，朝廷设长沙为郡。后汉末，天下大乱，长沙太守孙坚登上历史舞台，大放异彩，为后来三足鼎立时期的"吴国"打下了坚实基础。

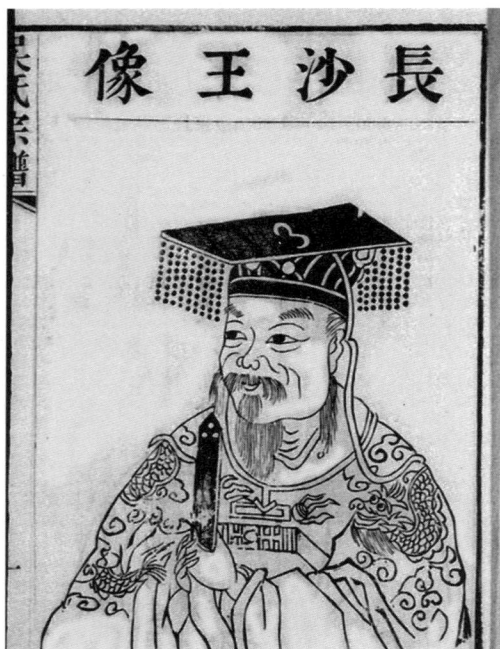

《吴氏宗谱》中的吴芮像

1

中国人不太使用"闺阀"一词。但因表意文字的便利性，只要将这两字付诸笔端，人们就能立马知其含义。或许你会认为这是笔者瞎编乱造之词，其实不然。在日本，"闺阀"一词广为人知，且频繁使用于日常生活中。

"阀"字含有"功绩"和"勋功"之意，有时也作"伐"。因而很难将它与表达"女性"之意的"闺"字结合起来。在中国，"军阀"一词广泛使用，但却不见"闺阀"一词的身影。值得一提的是，"派阀"一词已成为当今日本政界中不可或缺的特色用语，而在汉语中，"派系"一词更为通用。

我个人感觉虽然汉语中有"军阀"一词，但在表达"团体"一词时，中国人通常不用"阀"字，而是使用"党"，意为"我们的同伴"。故孔子曰："吾党之小子。"

那么"闺阀"在现代汉语中究竟为何意呢？查阅中国通用的日本词典（商务印刷书馆版《日汉词典》）可知，"けいばつ（閨閥）"一词下列举了两个释义——"妻党"及"裙带势力"。如果汉语中也使用"闺阀",那在该词下面的释义中一定会明确列举"闺阀"二字。由此可知,中国人虽知晓"闺阀"一词的含义,但确实不作专门词汇使用。

在"闺阀"一词的含义中,"党妻"一词表述直白,一看便知其义,而所谓的"裙带势力",就是以裙子和带子指代"妇女",意为"妇女的势力"。相比之下,后者为文学性译语,由此也足以可见词典编著者的用心良苦。不过,"裙带势力"又不等同于"Woman Power(女性势力)",此为难点之所在!

历朝历代中,势力最强的"闺阀"当数皇后或是皇太后一族,即"外戚"势力。其次便是皇帝的姐妹及内亲王势力。

与妇女相关的权力集团,称为"闺阀"。若就妇女自身的权力而言,中国历史上曾诞生过三位拥有至上权力的女性:汉代的吕后、唐代的武则天及清代的慈禧太后。其中,武则天建立了自己的王朝"大周",或许称其为"大周的武则天"更为合适。

一提及汉代的吕后,就不得不提"人彘",这是种极为残暴的刑罚。先帝高祖刘邦驾崩后,她将其宠妃戚夫人虐成"人彘"——剁掉四肢,使其失明、失聪,灌喑药使其无法言语,最后扔进厕所里。此外,吕后还除掉了戚夫人之子刘如意,以及其他庶出的三位皇子——刘友、刘恢和刘建。

表面看来,吕后是在为自己的儿子——惠帝刘盈扫清障碍,实则不然。惠帝虽为刘邦之子,但生性柔弱,看到戚夫人被母后折磨成人彘的惨况后,备受打击,此后更是久病不起。即位七年后,惠帝驾崩。对于吕后的这一举动,仁者见仁,智者见智。或许有人会责骂她残暴冷血,甚至连亲生儿子都不放过。

除庶出皇子以外,就连那些立下汗马功劳的忠臣们也接二连三地被吕后铲除了。至于这是否为刘邦本人意愿,我们不得而知。据《史记》记载可知,这似乎是吕后意愿,她近乎狂热地铲除功臣。这些功臣都是追随刘邦浴血奋战,于千军万马中打下江山的豪杰英雄,个个骁勇善战。于新王朝而言，他们都是极具威胁的存在。

　　从史书记载可知，刘邦出身社会最底层，根本不可能拥有谱代家臣[1]。在秦末天下大乱之际，刘邦揭竿而起，辗转于沙场之间，最终打下汉王朝的江山。随着汉代开国，那些投其麾下之人自然成了功臣。功臣之中，如萧何、曹参这般始终追随刘邦之人实为少数。绝大多数都是顺势倒戈的墙头草，与刘邦毫无血缘关系、地缘关系。他们只是预见到天下大势——江山当属刘邦后，才转而投其麾下。当然，在这些倒戈者当中，野心勃勃之人居多，更有甚者觊觎刘邦的江山，企图改朝换代。总而言之，这些"功臣"不得不防。

吕后未央斩韩信
《绘本汉军楚谈》插图，北尾重政绘

---

　　[1] 谱代家臣：数代侍奉同一个领主家族的家臣。

臧荼、韩信、韩王信、彭越、黥布等开国元勋及其势力纷纷遭到肃清。就连刘邦的同乡亲友——卢绾，也因整日担惊受怕而郁郁度日，最终亡命匈奴。在这般强大的威慑力下，初代皇帝刘邦驾崩之时，朝堂之中既无意图谋反之人，也无集万千权势之臣。

朝堂之上虽人人安分守己，但皇帝自家屋里却暗涌着夺权势力。高祖之妻——吕后，意图将夫家"刘氏的天下"更为"吕氏的天下"，一心只考虑娘家利益。吕后虽嫁入刘家，却狠心杀害刘氏子女，断刘氏香火。她的这些举动在现代人看来，可谓是恬不知耻，荒唐至极！

不过，在读史之时，我们必须尽可能地贴近当时人物的心境，并以此为镜，看历史交替得失。所以，在看待吕后之时，我们必须首先了解当时的夫妻关系，因为它与我们所认为的"夫妇"关系大相径庭。

从相关记载中，我们可以窥知当时的夫妻关系相当脆弱，离婚再婚之事层出不穷。就连道德伦理大师——孔子的家中，离婚之事也屡见不鲜。孔鲤，字伯鱼，孔子之子，孔伋之父。孔伋，字子思，相传《中庸》为他所著。孔子到底生有几个孩子，我们无从得知。不过，据《史记·孔子世家》所载："孔子生鲤……伯鱼生伋……子思生白……"由此可知，孔鲤乃孔子嗣子。但是孔鲤生母，即孔子之妻，在晚年时为孔子所休弃。从《礼记》的记载中我们可以得知：被休弃之母去世满一年后，孔鲤仍身着孝服为母哭丧。父亲孔子得知此事后，大声说教："儿啊，你做得过了，这有悖于礼。"

如上文所述，孔鲤之子孔伋乃是《中庸》的作者。据《礼记》记载可知：孔伋也同妻子，即孔白之母离了婚。但在生母离世后，孔白并未穿孝服服丧。门人便前来问孔伋原因，孔伋回答说："为伋之妻也，是为白之母；不为伋之妻也，是不为白之母也。"即"父妻为母"。

孔伋，字子思，孔子之孙，师从曾子（即曾参），后世尊其为"述圣"。他同祖父孔子一样，同妻子离了婚。就连极力主张"修身齐家治国平天下"和"治家"的孔子，其家中也不乏离婚之事。

据《史记》记载：孔鲤先孔子而亡。孔鲤之妻，即子思之母成为寡妇后，同卫人再婚。恐怕再婚之时，公公孔子尚且健在人世吧。《礼记》记载："子思之母死于卫，赴于子思，子思哭于庙。"

同后世相比，当时的夫妻关系更为宽松。对孔子一家的离婚、再婚等事，世人根本没有指指点点、说三道四。或许人们早已对这种事情习以为常了吧。由于离婚理由并非重点，所以在此不加赘述。

孟子因妻子坐姿不雅也差点儿离了婚。孔子家中，离婚之事更是家常便饭。《韩非子》中也记有以下逸事：卫人在女儿出嫁时叮嘱道："女儿啊，保不准哪天就离婚了，所以平日里一定要藏点私房钱啊。"

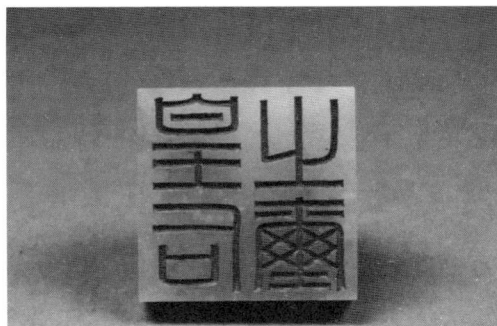

皇后之玺
1968 年出土于陕西省咸阳市，经考证，其主人正是汉高祖的皇后吕雉。螭虎钮，四侧刻云纹，印面阴刻篆体"皇后之玺"四字

刘邦与吕后虽为结发夫妻，但在当时那个"离婚乃家常便饭"的社会中，他俩竟能执手走到白头，这着实令人感到不可思议。年轻时，刘邦随性妄为。不过，由于《史记》出自汉代司马迁之手，所以在记述汉朝创始人的生平事迹时，他定会有所顾忌，不可能轻易记下高祖刘邦并不光彩的过往。然而，司马迁的确落笔写道："高祖好酒及色。"至于司马迁何以记下这般不堪之事，想必是因为高祖好色好酒之事人尽皆知，已无隐瞒之必要吧。但吕后偏偏又是个大醋坛子，在嫉妒这点上不逊任何人。这般性格的两个人到底如何能够维持夫妻关系呢？或许是高祖日理万机，无暇顾及吧。

不过，我认为这其中还暗藏着一大重要原因，即刘邦、吕后两人间的婚姻并非门当户对，更像是刘邦入赘吕氏之门，做了"赘婿"。

2

高祖刘邦，双亲之名不详。《史记》记载："父曰太公，母曰刘媪。""太公"即指老公公，"媪"则指老婆婆，并不是正儿八经的名字。儿子称霸天下，双亲姓名却未流传于世，由此足以见得他们的身份是何其卑微。

吕后之父——吕公，单父（今山东省菏泽市单县）人，因家事来到刘邦所在的沛县。《史记》记载："避仇。"即吕公在单父遇到了纠纷，需要外出避避风头，才前往沛县。当然，吕公与沛县县令的关系甚是亲密，《汉书》记载："沛中豪杰吏闻令有重客，皆往贺。"其中，"重客"是指重要的客人，即要人。因闻县令家有要人到访，沛县各官员为巴结奉迎而纷纷前往道贺。由此可知：吕后之父——吕公同刘邦之父截然相反，是位有头有脸的大人物。

据《汉书·百官公卿表》记载可知，满一万户以上的大县长官"县令"的俸禄为六百石至一千石不等，不满一万户的小县长官"县长"的俸禄为三百石至六百石不等。汉承秦制，可想而知秦朝也是如此。沛县属于大县，俸禄一千石的官员可谓"大官"。此等"大官"却尊吕公为"重客"，以礼相待，也足以见其权势地位之高。看来，吕家与刘家间存有极大的门第等级差，是谓"门不当，户不对"。

众所周知，刘邦时任沛县"亭长"。十亭为一乡，乡里设有"三老""有秩""啬夫""游徼"等职。"三老"为掌教化的长老，"有秩"相当于村主任，"啬夫"主管诉讼和征税，"游徼"负责维持治安。据传言，乡里"有秩"的俸禄高达百石。按"十亭为一乡"来算，亭长也不过就是

高祖与吕后
《绘本汉楚军谈》插图，葛饰北斋绘

个俸禄十石的芝麻小官。

然而，吕公确是俸禄千石的县令的座上之客。

沛县存在这样的风俗——若有名人到访，当地便设宴摆酒，清歌倩舞款待贵宾。其中的费用由出席宴会之人承担。

吕公为沛县县令的贵宾，故欲大摆筵席。此事的负责人便是主吏掾——萧何。他对前来道贺之人说："贺金不满千钱者，坐于堂下"。只有贺钱一千钱以上者，方可坐于堂上，即能够登堂。即便居于堂上，席次也由贺礼的金额决定。刘邦明明身无分文，却填上"贺钱万"交了上去。在这种场合下，出一万钱者实为稀罕，就连座上客吕公也大为震惊，主动出门迎客。

相传，吕公擅长相面，他瞬间沉醉于刘邦"隆准（鼻梁高）而龙颜"的面相中。

主吏掾萧何在旁提醒吕公道："此人固大多言，少成事。"因为他深知刘邦虽填了一万钱，但定是故弄玄虚，虚张声势而已。

然而吕公毫不介怀。他觉此人明明条件一般却敢填一万钱，且堂堂正正就座于主桌，身子后倾，气宇不凡。若于乱世中，此等男子必成气候。于是，吕公便想将自己的爱女嫁与刘邦。

据《史记·高祖本纪》记载，吕公请求刘邦娶自己的女儿为妻之时，曰："臣有息女，原为季箕帚妾。"得知吕公将女儿嫁与刘邦后，刘母歇斯底里般怒吼道："你平素总说我家女儿会嫁与贵人，沛县县令这般待你，真心想要我们的女儿，你却不肯。而今区区一个亭长，你竟随随便便就把女儿打发走！"吕公亦怒言："妇道人家懂什么！"最终，他还是将女儿嫁给了刘邦，即大汉帝国的创始人——汉高祖。

《史记》成书于汉代，所以在某种程度上，我们不可轻信书中所用笔势及所载逸事，还需多加斟酌。我认为，历史真相或许是器宇非凡的好色之徒刘邦对吕公之女出手了。

那时，刘吕两家的身份地位过于悬殊。吕公也可能同小婿约定道：

"那来我家谋事吧。"就这样，刘邦以半入赘的形式同吕雉结为夫妻。

日语中也存在"赘婿"一词。"赘"字暗含"抵押"之意，就好比是女婿将自己的身体抵押给妻家，故称为"赘婿"。此外，"赘"字另含"无用、多余"之意，例如"赘肉"。可见，赘婿如疣（疙瘩）一般，乃可有可无之物。《史记索隐》（对《史记》的注解，唐代司马贞著）记载："赘婿，女之夫，比于子，如人疣赘，是余剩物也。"为使女儿诞下后代延续家族香火，才招赘婿上门。一旦产下后代，赘婿也随之失去了利用价值，故在当时社会为人所唾弃。

《史记·滑稽列传》记载："淳于髡者，齐之赘婿也。"这段话记述了淳于髡乃何等低贱之人！古今盛名的兵法书《六韬》中也毫不避讳地提及赘婿："赘婿人虏欲掩迹扬名者，聚为一卒，名曰励钝之士……""人虏"即指那些成为俘虏后被当作奴隶对待之人，这里将赘婿与奴隶等同起来，实则是为强调赘婿乃何等极其不光彩、不体面之人！"迹"字在此做"经历"解，赘婿也好，奴隶也罢，皆为可耻的经历。为了雪洗这般可耻的经历，有人想要扬名正身。看到征兵宣传"只要建功立业，就能同可耻的过去一笔勾销"，这些人毫不犹豫地前去应募。于是，军队将他们聚集起来编为一队，取名为"励钝之士"。"励钝"的意思为"鼓励愚钝之人（赘婿和奴隶），使其成为精兵"。

可见，赘婿的身份地位极其低下，几乎等于同奴隶，而为了抹去"赘婿"这一可耻的经历，他们自愿加入敢死队。

据我推测，刘邦当时会不会是入赘了吕家呢？假若果真如此的话，也就不难理解这段门不当户不对的婚姻了。那么，刘邦等同于奴隶，身处任人摆布的从属地位，随时都要为吕氏粉身碎骨，因而也必须忘记自己是刘家人。

刘邦过于卖力，不小心成了九五之尊，坐拥天下。此时，他最想做什么呢？如果他真的是吕家赘婿的话，那他最想做的无疑是抹去那段可耻的赘婿经历。但如果仅仅只是抹去的话，难免会留下空白，惹人生疑。所以，抹去后必须重新涂上什么来掩盖。欲想抹去这段赘婿经历，就必须为这段门不当户不对的婚姻找一个合理的解释。于是，那段趣闻逸事横空问世——吕公善相人，一见刘邦"隆准龙颜"的面相便一眼相中。尔后，吕氏之母的愤怒之言也是为了增强故事的真实性。

秦始皇曾说"东南有天子气"，故常常东游以求压制。别处腾起天子之气，则预示着将要改朝换代。刘邦心想"吾乃此天子之气"，便常藏身于芒、砀山泽岩石间，但吕后总能很快找到夫君。对此，刘邦疑惑不已，问其缘由。吕后回答："你所在的地方，空中常有云气，所以我立马就能找到你。"不过，此事仅载于《史记·高祖本纪》之中，未载于《秦始皇本纪》。

云气、天子之气本就是玄幻之物，这或许只是后人为作圣天子传说而故意编造的故事。但是，我认为该传说并非无中生有，恰恰暗含着核心事实。"刘邦常逃隐山中"这一事实正是此传说的核心。刘邦为何而逃？人们往往因厌倦而逃跑。想必刘邦也正是如此，因厌倦而逃，因厌倦奴隶般的"赘婿"境遇而逃。不过，他同吕后伉俪情深，即便出逃也一定会将自己的藏身之处偷偷告知吕后。或许，出逃是一种反抗吧！刘邦想以此来改善在吕家的地位。

3

如果我的推理是事实，刘邦乃吕家赘婿的话，那在他驾崩后，吕后欲立吕氏一族为王，残暴地对待刘氏一族也就更为合情合理了。在吕家人眼里，刘邦原本就应该为吕氏一族鞍前马后，唯命是从。在他举旗起义之时，想必也是吕氏一族给他提供了物质及精神上的莫大支持。

刘邦太过卖命，竟将天下收为囊中之物。众目睽睽之下，他于金戈铁马中打下了汉朝江山，所以吕氏很难在台面之上说"这是我们吕家的江山"。

刘邦驾崩后，吕后意图还原本来"面貌"。如此看来，中国历史上最早也是最大的"闺阀"——吕氏一族，同后世的诸多"闺阀"存在着些许性质上的差异。

刘邦与众臣立下白马之盟——"非刘氏而王，天下共击之。"刘邦大概早已预料到自己驾崩后，吕氏一族将理所当然地抢占王位。

吕后有两名兄长。长兄吕泽英年早逝，其子吕台承其香火，吕后封之为吕王。吕台病逝后，其子吕嘉继位，后因荒淫无度而被废黜，尔后吕台之弟吕产继位。

非刘氏王诞生后，吕后不断地册封吕氏王。随后，被废黜的吕嘉之弟吕通受封为燕王。刘氏册封的梁王也随即被废，吕王吕产取而代之，成为吕家势力支配下的梁王。

次兄吕释之因随刘邦平定天下有功而受封为建成侯，其子吕禄却被吕后封为赵王。

吕氏一族受封为王的情况虽然不多，但受封侯爵之人却不胜枚举。吕后之妹——吕媭——虽为樊哙之妻，却受封为临光侯，乃是中国历史上首位"女侯"。

吕后长姐之子吕平，受封为"扶柳侯"。

不过，这不免令我心生困惑：当时社会已确立起了"同姓不婚"原则，即同姓者不可结为夫妻。所以吕后长姐定是同"非吕氏"的外姓人成婚生子。如此一来，其子当随夫姓。但是不管是在《史记》还是《汉书》中，都将长姐之子记为"吕平"。

实为怪哉！

唐代颜师古也甚觉怪异，他写道："平既然为吕氏所生，就可以姓吕。但是史家只记载了其母姓一族。"即只有母姓流传于世，父姓早已被人忘却。连姓氏都遭人遗忘的父亲真可谓是若有若无之人。

吕后长姐之子为"吕"姓，我又不禁联想到"赘婿"一事。吕后的姐夫无非是为吕家开枝散叶、提供劳力罢了。

因时代、地域的不同，"赘婿"的地位也存在着巨大差别。既有像雅各[1]的婚姻那样规定义务年限的，也有终身效命妻家的。至于孩子，既有完全归属妻家的情况，也有夫家与妻家各持一半权利的情况。就后者而言，通常都是长子随母姓，次子随父姓。有时也会将夫家与妻家两姓并列给孩子取名。

若吕后姐夫为吕家"赘婿"的话，那么其子随母亲姓"吕"自然也就不足为奇。吕后所生的两个儿子或许一开始也是随母姓"吕"的。

刘邦夺取江山后，事情变得错综复杂。吕氏始终认为她的丈夫是为吕家打下江山。所以，她觉得册封吕氏为王毫不为过。

唐代武则天自立为帝，改国号为"周"，建立"大周"王朝。相比之下，吕后并没有做得这么绝，所以有的史学家评论道："吕后不像武则天那般出格。"不过，吕后之所以未能将刘氏的天下彻底更为吕氏的天下，当归咎于其自身寿命不长。刘邦驾崩后，吕后只活了十五年。若从其子惠帝驾崩后算起的话，仅仅只有八年的时间。如果吕后能够再多活十年，恐怕刘氏的汉王朝也将会覆灭，取而代之的便是吕氏创立的新王朝。

生于乱世中的吕后深知权力的维持有赖于武力。因此，她任命吕禄为上将军，统率北军，同时任命吕王吕产统率南军，保卫皇宫。

不过，吕禄那代人根本不知权力斗争的残酷，只依仗姑母吕后得以悠然称王，安逸地过着贵公子的生活。吕后驾崩后，吕禄之友郦寄曾这样劝说他："您手中既然握有赵王印绶，就应该去封地镇守。而今您仍做上将军，统军驻守长安，这样会招致群臣猜忌。您何不归还将军印绶，把军队交于太尉（中央掌管军事的最高官员），这样一来便可高枕无忧了。"听劝后，吕禄把将军权交还给太尉周勃。至此，吕氏一族的没落已成定局。

吕禄开始优哉游哉地四处游猎。一次途经姑母吕嬃（吕后之妹、樊哙之妻）的官邸时，进去拜访。得知事情原委后的吕嬃怒火中烧，斥道："你

---

[1] 雅各：以色列十二支派的先祖。据《圣经》记载，他为亚伯拉罕的孙子，以撒的儿子。

身为上将军却离军游猎，吕氏将亡啊！"说罢，便将金银珠宝散撒院中，嘴里不住地念叨着："终归会成他人之物，守着也毫无意义。"

果不其然，吕氏一族被满门问斩，不管男女老少，悉数被诛，吕媭也哀婉地死于乱棍下。

4

"闺阀"源于女性魅力，只是一旦形成以后，唯有通过武力守护，别无他法。汉初吕氏一族的没落便是血一般的教训，淋漓尽致地诉述着这一事实。此后，朝堂与后宫中形成了一种固定模式——皇后一族中，必有军人来守护自家门阀。

除保卫皇宫外，皇后一族出身的军人还必须征战沙场，对抗外敌以彰显实力。因为世人往往认为他们是靠沾皇后之光才得以出人头地，所以必须在战场上建立不容分说的功勋。

汉武帝时代的"闺阀"鲜明地体现出这一特征。

汉武帝第一任皇后是陈皇后，陈皇后膝下无子，失去武帝宠爱后被废。随后，卫子夫继任，统领六宫。卫子夫出身极其卑贱，乃武帝皇姐平阳公主府邸的歌女。当时，权贵们的家中都设有专门的艺人，艺人的地位也几乎等同于奴隶。一天，武帝前往平阳侯府邸看望皇姐，便相中了歌女卫子夫，将她带回了宫中。

卫子夫的母亲是卫媪。在此，姓氏再次成为一大疑团。"卫姓"女子定是与"非卫姓"男子成婚，那么所生之子理应不姓"卫"，而应随夫姓。抑或者她的丈夫也入赘卫家，成了"赘婿"？只是招婿上门的人家一般都是有田有地的体面人物，而卫媪不过是平阳公主府上的一介女仆而已。

卫母的女儿为何姓卫？理由显而易见。其实卫母并无夫君，换言之，她是位未婚母亲。由于孩子没有父亲，所以只能随她姓"卫"。据说，卫母深讨男子欢心。在花季年龄遇上了形形色色的男人，生下几个孩子。当然，这些孩子的父亲各异。

至此，"闺阀"显然还没有形成。皇后一族的卫家，连个完整的家都没有！卫母虽在身边，但却不知生父姓甚名谁。在世人眼中，卫家极其混乱不堪。卫皇后之母四处与不同的男人厮混，生下若干孩子，卫皇后乃其中一人。或许卫母自己也搞不清楚卫皇后的生父到底是何许人也。因此，卫皇后无法将娘家作为强有力的后盾。岂止如此，就连她是否真的存在娘家一说也尚且令人生疑。正是因为她处于绝对弱势地位，所以更是一心渴望拥有坚强的后盾。

当然，卫子夫并非一入宫门就立马受封为后。她入宫之时，陈氏的皇后之位未被废黜。卫子夫只得竭尽全力以求在深宫中生存下去，而后宫之中，以窦太后为首的势力最为强盛。

武帝为窦太后之孙、王太后之子。也就是说，在汉武帝即位时，祖父文帝的皇后——窦氏，以及父亲景帝的皇后——王氏两位太后尚存于世，徜徉于后宫的权力之争中。因此，汉武帝后宫中的"闺阀"不但存在，而且还是双重"闺阀"。

窦太后原为吕后的侍女。不知是因身边的侍女过多，还是想要换批新人，一天，吕后将身边的侍女钦赐诸王，每人五名。诸王，即刘邦之子，居于各自分封的领地内。侍女时代的窦太后也位于钦赐品之列。她生于清河（今河北省衡水市武邑县），因惦念老家，所以有意去赵王身边侍奉。于是，她去拜托负责遣送的官员，说："请把我放在前往赵国的队伍里吧。"谁知，这位官员竟忘记了这一请托，将她归入了前往代国的队伍中。百般无奈之下，窦氏含泪前往代国。

代王为刘邦四子，母薄氏。薄氏不得圣宠，一生只侍寝过一次，却在侍寝后有幸怀上身孕，生下代王——刘恒。不过，不得圣宠之事，反而成了一大幸事。刘邦驾崩后，那些受宠的妃嫔皆被吕太后幽禁宫中，其中最得圣宠的戚夫人甚至被虐成了"人彘"。

在后宫的三千佳丽中，唯有一人不被吕太后憎恶，那便是薄姬——

如姓氏所示那般，形单影只的薄姬。大概是因其他妃嫔自恃得有圣宠，故在年老朱黄的吕后面前傲慢失礼吧。相比之下，薄姬无圣宠可依仗，故在吕后面前万分谦卑恭敬。吕后应许她，说："随你儿子一同去代国吧。"

吕后驾崩后，专横跋扈的吕氏一族开始没落。此后，立谁为帝便成了刻不容缓的大问题。刘邦子嗣中，刘如意、刘友、刘恢及刘建四人皆为吕后所诛杀，庶长子齐王刘肥亦已离世，仅剩代王刘恒及淮南王刘长二人尚活于世。不过，庶长子刘肥仙逝后其子刘襄嗣位，由于他是刘邦的皇长孙，所以也具备继承皇位的资格。

汉朝群臣们最终会做出何种选择？他们绝不允许朝堂之上再次出现吕氏这般只手遮天的外戚势力。这自然成了此次推选皇帝的基准。齐王虽是有力的候选人，但其母娘家存在驷钧这般恶徒，因而失去入选资格。再看代王的情况，其母薄姬本人自不用说，薄氏一族也均是谨慎贤良之辈。因此，诸臣决定拥立代王为新帝，恭迎他入主长安城。

代王刘恒登上皇位成为汉王朝新一任君主——文帝，皇后窦氏。阴差阳错去到代国的窦氏在宫中独享圣宠，其子刘启也被册立为皇太子。由于代王正室在此前仙逝，皇太子之母窦氏也就被册立为皇后。

窦氏出身侍女，家境清贫，其弟甚至在街上遭人贩子拐卖。这恐怕是史家之笔有所忌惮，未能道明真相吧！其弟极有可能为亲生父母所卖，并非人贩子，想必买主一定知晓事实的真相。不过，窦氏最终还是找到了弟弟。我个人认为后世之人已美化了这段寻亲的逸事。

由于吕后专横跋扈的姿态尚且历历在目，所以世人的注意力自然就集中到皇后的娘家上。窦皇后有两名兄弟：兄长窦长君，弟弟便是遭人贩子拐卖的窦少君。被拐卖后的弟弟过着奴隶般的生活，痛不欲生；兄长长君也甚是清贫；父母早已撒手人寰。

汉朝的重臣们认为，为避免吕氏专横的局面再次出现，教育窦皇后的兄弟乃为上策。朝臣们挑选了有德行、守节义之人同两人一起生活。正所

《汉文帝亲侍母病》
清代王素绘
除了国事上的功绩，汉文帝还曾亲自为母亲薄氏尝药三年，孝心感人，该故事后被编入《二十四孝》

谓"近朱者赤"！若同品行高洁者共同生活，自己也将在潜移默化中端正守节。果不其然，窦皇后的兄弟均成了谦谦君子。

公元前157年，文帝驾崩，窦皇后之子刘启，即景帝，继位。当时，长兄窦长君早已离世，长兄之子窦彭祖受封为南皮侯，窦少君受封为武侯。也就是说，文帝在位期间，窦皇后的兄弟并未受封侯爵，待到景帝登基后，他们才受封为侯。文帝驾崩时，其母薄氏尚在人世。

薄氏深切体会到：正因自己是形单影只之人才能这般长寿。想必她经常将这一道理讲述给儿媳窦氏听吧。薄氏一族中，唯有一人受封侯爵。文帝在位期间，窦氏一族中无人受封为侯，到了景帝时代，三人受封为侯。其中两人便是前文所述的窦彭祖与窦少君，另一人则是窦太后的堂弟——

窦婴。他在吴楚七国之乱中受任为大将军出征沙场，因立下赫赫战绩而受封为侯。

5

当吕氏权倾朝野的记忆尚且清晰地留于世人脑海时，不管是薄氏还是窦氏，她们行事都极为谨慎。但随着岁月流逝，吕氏专横的记忆也随之褪去了色彩，后宫的"闺阀"势力也相应地大为变化。

在景帝还是皇太子之时，祖母就将自家一族的女儿薄氏许配于他，成为皇太子妃。景帝即位，薄氏自然成了皇后。恐怕她时常受祖母谆谆教诲："皇后娘家人定要谦虚礼让。不在朝堂之上拉帮结派，便是为你娘家好。"但是她膝下无子，也不得景帝宠爱。祖母薄太后西去后，景帝便废黜了薄氏的皇后之位。

皇后之位空缺后，后宫妃嫔们便按捺不住，展开了一场又一场的明争暗斗。景帝子嗣众多，长子刘荣被册立为皇太子。栗姬因贵为皇太子生母，而在侧室中威望最盛。

景帝长姐——馆陶公主虽嫁于列侯陈午，但她依旧频繁出入皇宫，为弟弟引荐倾国倾城的美女子。她经常会对好色的景帝说："皇姐这儿可有国色天香哦。"因此，深得圣宠的栗姬自然厌恶此事，对馆陶公主抱有深深的敌意。

馆陶公主喜欢争权夺势，虽然下嫁侯爷入了臣籍，但她还是想在宫廷中大展权势。因此，她希望自己的女儿将来当上皇后，换言之，她想让陈阿娇成为皇太子妃。

"让我家阿娇做皇太子妃，如何？"馆陶公主这般询问皇太子的生母栗姬，却遭到冷冷拒绝。她因此勃然大怒，暗暗思忖着，既然你这般无情，我也自有对策，迟早让你后悔。于是，馆陶公主开始了"排兵布阵"。

景帝后宫中有对王氏姐妹，深得帝心。姐姐曾嫁于金王孙，育有一女，但当王母听说自己的女儿将来必能飞黄腾达后，硬生生地把她从金家夺了回来，送进皇太子后宫。这位皇太子便是后来的景帝。姐姐深讨景帝欢心，诞下一男三女，皇子即是后来的武帝——刘彻。

遭到冷落的馆陶公主计划着同王夫人联手，欲将栗姬之子刘荣从太子之位上拉下来，将王夫人之子刘彻送上太子之位。此二人联手的条件便是让馆陶公主的女儿阿娇嫁与刘彻为妻。

借由此次联手，王夫人顺利为爱子铺好通往帝座的道路，馆陶公主则顺利令爱女成为未来皇后。比起宠妃爱姜之言，景帝更相信皇姐馆陶公主的说辞，馆陶公主的告状也因此得以奏效。皇太子刘荣被废，栗姬也在郁郁寡欢中结束了一生。

随后，刘彻被册立为皇太子，生母王夫人被立为皇后，馆陶公主之女阿娇自然受封为皇太子妃，即后来的陈皇后。

景帝驾崩后，武帝刘彻即位。当时，生母王太后和祖母窦太后统领着六宫。与窦太后相比，王太后并未受过薄氏的谆谆教诲。景帝即位第二年，薄太后驾崩，距"吕氏之乱"已时隔四十年。

王太后娘家的关系极为复杂。其母名"臧儿"，是臧荼（高祖时期受封为燕王而后遭到诛）的孙女。她同王仲成婚后，生下了王太后两姐妹。后来，王仲不幸离世，她便又嫁与田氏为妻，生下两个儿子。由此可知，王太后还有两个同母异父的弟弟——田蚡、田胜。她本人也曾同金王孙离过婚。

调查一番王太后的身世，恰好也印证了本章开头所述的事实——在汉代，离婚、再婚之事实乃家常便饭。生子后离婚的女子，不但能进入皇太子后宫，甚至还能登上皇后宝座。可见当时的男女关系何等宽松！

此处再次回到我的推理：中国的"阎阀"的出现强化了原本并不稳固的夫妻关系。

汉武帝的第一任皇后便是馆陶公主的女儿陈阿娇。"刘彻迎娶陈氏为妻"是馆陶公主和王夫人两人联手的条件。但因陈皇后为内亲王之女，平日里派头大，同时又是表亲结为夫妻，所以她平日里在武帝面前大概也就不大注意举止言行。再加上是自己的母亲尽力相助，武帝才得以登上皇太子之位，所以她平日里或许对武帝有些傲慢。武帝也因此对她的爱意日渐消退。

此时，卫子夫登场。平阳公主也为皇弟刘彻引荐世间美女子，这一做法酷似先帝景帝的皇姐馆陶公主的做法。出嫁后降为臣籍的公主唯有借助此法，才能继续在宫中维持势力，此外别无他法。

不久，陈皇后被废，卫子夫继位。不知父亲姓甚名谁的卫皇后，同样有同母异父的兄弟。兄弟二人也随母姓"卫"。兄长卫长君英年早逝，而弟弟便是赫赫大名的将军卫青。

卫青实乃天赋异禀的军人。在卫子夫被册立为皇后的前一年，卫青任车骑将军，率领一万骑兵迎击匈奴，奇袭敌军据点——龙城（今蒙古国）。这是汉军历史上首次越过长城线，向北进军，可谓里程碑式的一大胜利。

卫青在战场上的功勋确保了姐姐卫子夫在后宫的地位。自那以后，卫青屡次出征，建功无数，遂成为大将军。继卫青之后，卫皇后外甥——霍去病登场。年纪轻轻的霍去病丝毫不逊色于舅舅卫青，曾六次率兵出征。不幸的是，元狩六年（公元前 117 年），霍去病因病辞世，年仅二十四岁。元封五年（公元前 106 年），卫青也撒手人寰。

守护卫皇后"闺阀"的便是这两位天才般的武将。在他们逝世之后，霍去病之弟霍光无力守护卫皇后及庶太子。在皇帝的独裁下，一旦他对皇后的宠爱稍有减退，"闺阀"势力也会随之受到限制。皇帝权势越强，这一倾向则越明显。

继卫子夫以后，武帝又爱上了平阳公主引荐的另一位歌女——李夫人。只是疾病缠身的李夫人不久人世，但武帝对她的宠爱却未因她的离世而有一丝一毫的减退。世间也因此得以留下一段"唤魂回世"的佳话。李夫人西去后，其兄李广利受到武帝重用。对其兄长的重用可谓武帝对李夫人爱的纪念。当时，匈奴势力再次强盛，李广利曾远征大宛（今乌孜别克斯坦的费尔干纳盆地）。世人对他给予厚望，期待他成为第二个卫青或霍去病。

不过，李广利只擅长歌舞曲乐，根本不具备卫青、霍去病等人的军事才能。在久攻匈奴无果之际，他退居敦煌，最后向匈奴投了降。

如果李广利能够在战场立下赫赫战勋，将达官显贵云集膝下，或许也能形成独具一格的"大闺阀"。因受圣宠的妹妹驾鹤西去，皇帝对其妹的怜爱惠及兄长，再以兄长为中心形成一大"闺阀"，实为浪漫！

汉初虽不乏平民出身的皇后，但后来，由于越来越多的达官显贵们都开始将本族的女儿进献皇帝，所以后宫中也就没有了平民皇后的身影。实力强大的"派阀"为谋得权势进一步强化，又疯狂地披上"闺阀"的盔甲。

1

　　与"闺阀"不同，汉语中也经常使用"浪人"一词。不过，日汉两语中的"浪人"存在些微语感上的差异。汉语中"浪人"一词的意思更接近字义，"流浪之人"的语感更为强烈。虽然它是指失去官职与俸禄的流浪人，但比起"失去官职"，"流浪"之意更为强烈。世人视之为随波逐流、无依无靠之人。

　　另外，《不如归》[1]的女主角名为"浪子"。不过，"浪子"一词在汉语中意指不良少年、不务正业之人。他们并非日语中指代的好舞刀弄枪的"硬派"，而是到处拈花惹草、游荡玩乐的"软派"。宋宣和年间（公元1119年—公元1125年），任少宰之职的李邦彦擅编词曲，自称"李浪子"。由于为官无能，世人戏称他为"浪子宰相"。

　　唐天宝十二年（公元753年），进士元结（公元719年—公元772年），号浪子。不过，此人并非风流之徒，而是忧国之士，当属"硬派"。他因临河而居，故自号"浪子"。入仕之时，自号"漫郎"。"郎"即侍郎或郎

_____

　　[1]《不如归》：日本明治时代小说家德富芦花的代表作。

中，同时也含"官员"之意。那是随意为官之意吗？他既为"硬派"，则此号充分带有调侃之意。后世的中国人将"roman"一词，译作"浪漫"。其实早在唐代，元结就把这两个字当作自己的"号"使用了。

德川体制下的"浪人"，即为失业者。"浪人"中既有因所仕藩国被灭而失业的武士，也有因过失被放逐的武士。到德川幕府末期，也不乏为国事奔波而脱离藩籍成为"浪人"之士。

在中国，官职世袭制度远不及日本兴盛。家老[1]之子不一定还是家老，足轻[2]之子也不一定还为足轻。隋唐以后，随着科举制度的确立，情况更是如此。即便是宰相之子，若未在科举考试中脱颖而出的话，也无法成为宰相。因此，他们连子承父业都无法办到，更不用论失业成为"浪人"——没有就职，就无失业一说。

成为一大问题的并非失业的浪人，而是尚未就业之人。因此，无法称他们为"浪人"，而应称之为"处士"。就如把尚未出阁的女子称为"处女"一般，将尚未从仕者称为"处士"。

当时，"士""庶"之间存在本质差别。但是，从血统来看，两者并无差异。据《荀子》所载可知，士为"德盛者"。那么，何谓"德盛者"？有何区分方法？这可做如下解释："德盛者"即为"有学问之人"，具体来说，就是"能读善写之人"。换言之，所有读书人都为"士"，目不识丁者则为"庶"。

目不识丁者若一念之间奋发图强，开始钻研学问的话，那么他便能从"庶人"阶层进入"士人"阶层。当然，这绝非易事。于水吞百姓[3]而言，他们既无学习时间，也支付不起每月的学费。但是，从原则上来看，"士""庶"之别并非源于血统上的差别。即便是"士族子弟"，若无意钻

---

[1] 家老：武士家族的重臣，主宰家政，统率家中的人。江户时代，一藩中设置多名，多为世袭。

[2] 足轻：被迫参加战斗的步卒、杂兵，在江户时代处于武士的最底层。

[3] 水吞百姓：没有耕田，靠佃耕，打短工为业的下层农民。

研学问的话，也会沦为"庶人"。

话虽如此，但"士族"并不一定为官，那些未任职之士便是"处士"。若这些人能够安分地待在地方上当"乡绅"，清闲度日的话，天下就会太平吧。但大部分处士都是醉心仕途，却始终郁郁不得志之人。不知不觉，他们给世人留下一种印象——处士就是不满之徒。未投身宦海的处士其实相当清闲。在古代，必须拥有相当的资产才能成为"读书人"。所以，这些人即便不劳作也能维持生计，因而有大把的时间，四下纵论时政。

"处士横议"一词出自《孟子》，意为处士们聚在一起，大肆批判当今时事。孟子认为这是一种极其不理想的状态。

在庶人阶层与士人阶层中，前者占压倒性的多数，而占少数的士人阶层可以说是统治者阶层，统治庶民阶层。话虽如此，但并非所有的"士人"都能实施统治，也有部分未能加入统治机构。他们本应为统治机构内的成员，如今却被拒绝加入其中。他们便成了空有统治之心的处士，势必郁郁不得志，对社会抱有强烈的不满。如果他们的不满情绪不断扩散的话，世间就会滋生不安。

历朝历代的统治者们都畏惧这种不安，怕它会使他们的统治体制产生裂痕。对此，最有效的解决办法便是将拥有巨大影响力的处士纳入统治机构中。

正因为不在朝野为官，这些人才四处散播愤世嫉俗之言。一旦他们居于庙堂之上，真正参与统治的话，就会认清现实，不再口出狂妄之言了吧。而那些往日对统治构成威胁的处士，如今变成了不足为惧的实干家。

处士的影响力越大，从政的机会也就越多。因此，为了入朝为官，有的处士甚至故意大放厥词。

不过，言论一旦过激，就很可能招致杀身之祸。"处士横议"的处境实则举步维艰，恰似行走于钢丝之上。

2

在德川幕府统治下,日本的幕臣与藩士[1]皆属于"侍"阶层。与日本稳定的政治机制相比,中国的官员并非世袭,原则上均由中央任命,所以机构内的人员变动极其频繁。德川体制下改封大名领地(天领[2])是特例,而类似情况在中国社会却极为普遍。

当时,读书人(即"士")除了入仕为官以外,别无他途。无法入仕者就是不得志之人。只有那些自愿选择离开朝堂之人才能称为"隐士",这些不得为官之人则称为"逸民"。

如今,人们已熟知"官吏"一词。但实际上,"官"与"吏"并不等同。说得通俗一些,"官"即精英官僚,而"吏"则是不合格的官员。"官"地位高,"吏"地位低。虽然因时代不同而有所差异,但在大多数情况下都是朝廷任命官员,官员任用吏员。官员是那些下达指令之人,吏员则受雇以处理琐事。在清代贺长龄(公元1785年—公元1850年)所编著的《在官法戒录》一书中,记载着"吏始不得与清流之班",意为吏本就不属于清流之列。若"清流"是指"士族"的话,那么"吏"就不属士人阶层。但是,我认为"清流"应当解释为"贵族",而非"士族"。春秋战国时期存在贵族,即指统治阶级。吏居于统治阶级之下,帮忙打点杂务。

吏员的地位,大概是从秦朝开始才有所提升。秦朝始行郡县制,设置了郡、县这些中央机构。因此熟悉行政操作之人——吏员,就变得不可或缺。因职业上的需要,吏员开始学习读书写字。同欧洲中世纪的骑士一样,春秋战国时期的贵族中不乏目不识丁者。读命令书、写报告书等识字

---

[1] 藩士:警卫武士,武家时代在将军府等地担任警备任务的武士。

[2] 天领:江户幕府直辖的领地,委托给大名(即领主)管理,是幕府重要的经济基础。

工作并非是贵族应做之事，只要交由打点杂务的吏员便可。

短命的秦王朝之后，便迎来了长寿的汉王朝。在王朝交替时期，吏员数量暴涨。他们将原本属于贵族的工作也一起处理，作为"官、吏"登上了历史的舞台。

汉朝开国皇帝刘邦就曾任"亭长"。毫无疑问，"亭长"一职属吏员之职，是位居村主任之下的驿站负责人。此外，辅佐刘邦打下汉朝江山的大功臣萧何，也曾任地方官员的文书记录员，同样属于吏员。他后来当上了相国（汉朝廷臣的最高职务）。只是，并未驰骋沙场、建功立业的萧何，何以当上相国？武将们为此逼问刘邦，他们说："臣等身被坚执兵，多者百余战，少者数十合，攻城略地，大小各有差。今萧何未有汗马之劳，徒持文墨议论，不战，顾居臣等上，何也？"因刘邦将萧何列之功绩列为第一，故朝堂之上出现了这般不满。

《史记·三十世家·萧相国世家》记载："汉王（刘邦）所以具知天下厄塞，户口多少，彊弱之处，民所疾苦者，以何（萧何）具得秦图书也。"所谓"图书"，即秦朝珍藏的记录，类似于地图。若想知某地的士兵分布情况、征税情况，则需对命令书和报告书之类的文书进行一番研究，以此来了解天下形势。正因为刘邦在作战时将天下形势置于心中，所以才能击败项羽。因此，"得秦图书者"——萧何，立下首功。

制作、管理及执行图纸之类的事务皆为吏员之职。贵族出身的项羽虽捷足先登，早刘邦一步攻入咸阳都城，烧毁宫殿，但他不曾想过要将此类图纸收入囊中。他对此不以为意，认为这些全是地位低贱的吏员负责的东西。岂料，这些不起眼的材料才是最为重要的消息源泉。萧何之所以会着眼于此，正是因为他曾做过吏员，熟知此类信息的重要性。刘邦也曾为吏员，因此认为据此分析天下形势的萧何功绩第一。

"身被七十创，攻城略地，功最多，宜第一（功勋）。"群臣们虽这般举荐在战场上立功无数的曹参，但曹参之功还是居于萧何之下——曹参曾任监狱看守，故也属吏员之流。

汉王即帝位封功臣
《绘本汉军楚谈》插图，北尾重政绘

因此，不妨可以说，刘邦的汉王朝是吏员们的天下，是吏员们着手建成的。

刘邦同项羽的楚汉争霸中，交战双方都拥有千军万马。换个角度看，此次刀光剑影的激战实则也是一场"补给战"。贵族出身的项羽与吏员出身的刘邦对补给的看法自然迥然相异。在家臣伺候下生活的权贵们，不仅是对补给，而且是几乎对任何事物的准备阶段都毫无所知。因为摆放在他们面前的永远都是准备就绪的事物，他们也自然而然地认为这是理所当然的。若准备之中稍有差池，贵族们有时甚至会斩杀负责此项事物的家臣，因为他们认为作为一名家臣，若是连理所当然之事都做不好的话，死有余辜。

吏员就是那些做准备工作的人。若事情进展顺利，他们就平安无事；只是一旦搞砸，就可能招致杀身之祸。准备工作并非理所当然之事，而是命悬一线的重大工作，吏员们必须全力以赴，容不得半点儿差池。当然，项羽手下也不乏这类吏员，只不过他们的话语毫无影响力。他们只能一味奉命行事罢了，一旦抗命就会遭到诛杀，还想活命之人就只得逃亡。项羽军团中的逃亡者层出不穷，最后落得个"四面楚歌"的悲惨境地。

刘邦本人为吏员出身，在他手下担任补给工作的萧何也曾是吏员。在刘邦手下，发言拥有感召力的吏员不断制订方案，执行计划。因此，那些可能存在于项羽阵营中的补给难题，绝不会出现在刘邦阵营。吏员出身的他，深知必须对大大超过补给界限的作战有所控制。

《汉书·萧何曹参传》记载，关内侯鄂千秋在向刘邦举荐萧何之时，对他的功绩作了以下这番论述：

> 夫上与楚相距五岁，失军亡众，跳身遁者数矣。然萧何常从关中遣军补其处，非上所诏令召，而数万众会上之乏绝者数矣。夫汉与楚相守荥阳数年，军无见粮，萧何转漕关中，给食不乏。陛下虽数亡山东，萧何常全关中待陛下，此万世之功也……

总之，由吏员缔造的汉帝国为官吏的国家。在《汉书·传·循吏传》中，宣帝说："与我共此者，其唯良二千石乎！"

当时世人普遍认为太守的年俸为二千石，九卿（中央部分行政长官的总称）与执金吾（中尉，率兵保卫京城的官员）的年俸也为二千石。虽然"普遍认为"一词的含义较为模糊，但这其实都不是他们的实际俸禄。太守的月俸为一百二十石，那么他们实际年俸不过一千四十余石罢了；而九卿的月俸为一百八十石，则实际年俸为二千一百余石。因此，有时世人称后者为"中二千石"。

年俸二千石即为高官。据宣帝所言,"良二千石"意指兢兢业业的地方长官,即太守。虽然现代日语不太使用"良二千石"一词,但在过去,人们却常将县知事称为"良二千石"。

汉帝国由处理琐事的吏员们创立起来,因此其管理属性极为突出。法国著名汉学家白乐日[1]将其称为"干涉型国家"。国家完全统制了社会生活的一切活动,对所有事物进行绝对性支配。从这一意义上来说,确实适合将汉以来的历朝历代称为"干涉型国家"。这与上古时代有着天壤之别。那时的百姓们鼓腹击壤,吟唱着"日出而作,日入而息,凿井而饮,耕田而食,帝力于我何有哉"。虽然我们无从知晓上古时代是否真实存在,但历史叙述者将其称为"尧时代",亦即神话时代。它所描绘的显然是"非干涉者型国家",与汉代以来的历朝历代迥然相异。由于这种天壤之别的存在,这一时代很可能只是人们虚构出来的"乌托邦",与"干涉者型国家"之中百姓苦不堪言的生活现状形成鲜明的对比。

3

在"干涉者型国家"中,实际上真正干涉百姓生活的是大大小小的官吏。在这样的社会里,统治者与被统治者之间的差别,即"士庶之分",可谓一目了然。人们想方设法挤进统治集团(即"士"),人人渴望当官。所谓出人头地,无非就是封官加爵。

"为官"的基本条件便是"能读善写",而能读善写之士也必定一心想要当官。那些识字却久久无法为官之人被视为"落第者"。有志宦途而未及第者,无奈之下只得去当全科医生或教书先生[2]。因此,"不为官,非

---

[1] 白乐日(Etienne Balazs,公元1905年—公元1963年),法国著名汉学家,专攻中国古代经济史,著有《唐代经济史》等书。

[2] 教书先生:原文为"寺子屋",江户时代为庶民开设的初等教育机构,由武士、僧侣、医生和神职人员等担任教师,教授写、读、算珠等。

人也"这一说法毫不夸张。他们只此一路,别无他途,读书为官就是"世界"的全部。既然生而为人,他们习得读书写字,就无法走出这个"世界"——这个信奉官吏至上的"世界",是由官吏以及立志投身宦海的知识分子(即"士")所构建出来的。

进入东汉,随着儒教权威的巩固,西汉所确立的官僚体制发生了巨大变化,凭借开国勋业而名声高涨的吏员,地位日渐衰微。究其缘由,是因为儒教不看重处理具体事务的专职人员,认为儒者当心系家国天下,而非受限于某一特定的职业。于儒者而言,政治琐事均属家国天下中细枝末节之事,皆为俗务。处理这类俗务的吏员也被儒者蔑称为"俗吏"。

吏员的声望日渐式微。唐宋开始,知识分子"不为吏员"之风日盛。这种情况如同日本的引冈[1]和御用耳目[2],他们就是从历代被归为庶民阶层的市井百姓中雇用的吏员。如此一来,吏员的声望一落千丈,被排挤在"世界"之外。

吏员虽处理着朝中之事,但被排挤在"世界"之外;而有些人虽退隐朝堂,却仍处于"世界"之内。这些人就相当于日本的"浪人",虽没有俸禄,但其身份依然为"侍"。

为了方便起见,我在前文中一直使用"世界"这个含义模棱两可的词语。这一"世界"的特点便是中央浓厚,两端稀薄。若是问及何是浓厚?何是稀薄?我也难以作答,只能将"很大程度上满足人理想中的状态"视为浓厚,反之则为稀薄。入仕为官者处于浓厚地带,相反,那些郁郁不得志、始终不得宦途而纵论天下的"处士"则位于稀薄地带。从稀薄之处向浓厚之处靠近,哪怕只是一点点,都是处于这个"世界"中的士人的心愿。不过,当然也存在少部分人拼命想从浓厚地带往稀薄地带逃离。

例外总是格外起眼。弃官回乡的陶渊明(约公元365年—公元427年)

---

[1] 引冈:江户时代负责协助犯人的搜寻,逮捕等差役的人。

[2] 御用耳目:江户时代捕吏的耳目。

因异于常人之举而吸引了世人目光。他为了由动入静，自己主动选择成为"浪人"。与之相反，日本江户幕府晚期的脱藩浪人则为了由静入动，主动放弃武士地位。

此外，还有一种情况是想要靠近"世界"的中心——浓厚地带，却始终无果，因而一气之下选择往相反方向的稀薄地带不断前进。在君主、上级官员及同僚看来，这无疑是荒唐之举。不过，他们一旦背离主流就很难回归"正途"。岂止如此，这一举动本身就需要莫大的勇气。君主会认为："对朕有何不满吗？真是岂有此理！"若是激怒了君主，他们甚至会被处以死刑。

当时，世人称"不为官之士"为"逸士"或"逸民"。《后汉书》之后的史书中，不乏逸民传或是隐逸传，通过记录"逸士""逸民"的生平事迹来为他们立传。

"逸"字意为"逃离"，即从"世界"的浓厚地带逃往稀薄地带。但对皇帝而言，这些本应侍奉自己的人才纷纷"逃跑了"。这好比对垂钓者而言，虾兵蟹将即便是逃跑了也不觉可惜，但逃跑的若为肥美大鱼，就不免深感遗憾。不过，他们一旦想到眼下这些想要逃脱的小鱼今后也会长成大鱼，也会惋惜不已。

世人常常不由得给这些与众不同的少数人送上喝彩之声，这些喝彩之声也就成为他们的名声。名声即为人的社会价值。因此，那些为抬高身价、获取名声而采取非主流行动之人也就不足为奇了。这些逃逸者是真心想要"静"？还是意欲讽刺时事？抑或是沽名钓誉？我们难以判定。

《后汉书·逸民列传》记载着周党的生平事迹。周党生于西汉末年，死于东汉初年，太原广武人，年轻时曾到长安游学。他出生在一个"家产千金"的富裕人家，是名副其实含着金汤匙出生的贵公子。

由于父母早亡，周党从小寄养在亲戚家中。待他长大成人之时，亲戚却企图独吞财产。最终，周党提起诉讼，拿回了自己的财产。他将这部分财产分与同族，令奴隶恢复自由之身，自己则拿着余钱前往长安求学。

周党曾在家乡受到乡佐（主管征收赋税的人）的当众侮辱。在长安求学时，他听到了《春秋》一讲。为《春秋》作解的《公羊传》记载了齐襄公为替齐哀公报仇，最终灭了纪侯。书上说："岂止九世，就连百世之仇也非报不可。"即便是百世前的祖先之耻，也自当尽力雪洗，更何况是自身之耻呢！于是，周党立马回乡，向当年那位侮辱自己的乡佐发出了决战书。在决战中，周党大败，身负重伤。

"这小子，厉害。有过人之处。"

赢家乡佐为周党的"义与勇"所深深感动，于是命人用担架将其抬回家中，令其静养。周党因此保全了性命。不过清醒以后，他立马告辞。此后，他开始严于律己，修身养性，也因此受到了周围人的高度赞赏，名声大噪。

名声究竟有何作用？王莽篡夺汉朝王位后，随即天下大乱，各地军队奋起，惟到太原之时，众军过城不入。各地军队相互告诫："这里居住着一位品格高尚之人，故不可袭城。"至于为何不能袭击品格高尚之人所居之地呢？那是因为一旦袭城，就会伤及自身名声，最终遍体鳞伤。

刘秀平定动乱后，即位称帝，创立东汉，号光武帝，年号"建武"（公元 25 年—公元 56 年）。周党此前曾受朝廷征召，受任为议郎（顾问）。不过，不久后他因病辞官，一直隐居渑池（今河南省三门峡市渑池县）。光武帝闻悉他的名声后，再次征召了他。但是他本人毫无入仕之意，故身着短布衣、头戴縠皮头巾，前去面圣。衣冠不整即无意为官。待光武帝接见时，他不行君臣之礼，一味地伏于地上恳请道："我愿布衣终身，一生谨守此志。"

"不可强求啊！既然你一心只想实现平生之志，那你回去吧。"于是，光武帝放周党回了乡。

当时有位博士[1]，名范升。他向光武帝上书，诋毁周党，说："太原周

---

[1] 博士：古代官名，专掌经学传授的学官。

党，虽承蒙圣上厚恩。使臣三顾而聘，他才肯上车来京面圣。他不因礼法而屈身事君，伏地却不行臣礼。这是何等傲慢！他在文上不能阐发经义，在武上不能以死来报效国君。无非是个沽名钓誉之徒，意图三公之名位……"他又上奏弹劾道："周党无从仕之意，这不过是为了抬高自己名声的高等战术。"此外，他还不断提醒皇帝不要为周党这一老奸巨猾之徒蒙蔽双眼。为使周党露出丑恶面目，他主动情愿以"何以高效治国"为题与周党现场辩论。若败于周党，他愿受诬告之罪，但若是周党输了，就当治其个"私窃虚名、夸上求高"的大不敬之罪。

然而，诏书说："自古明王圣主，都不一定拥有一心服务朝堂之士子。即便是周朝，伯夷、叔齐等贤明之士也不愿受朝廷俸禄。太原周党不接受我的俸禄，也是有那般淡泊名利之志向啊。赐为他四十匹绢，让他回乡吧。"

周党断然辞去了年俸六百石的议郎之职，而上奏弹劾之人——范升时任博士，是掌管礼仪、宗庙之事的太常的十二位下属之一，年俸也为六百石。如此看来，范升官阶不高也不低，但却是位利欲熏心之徒。他是洞察了周党的野心？还是从自身的野心出发，一味地将周党的辞职视为他谋取权位的高等战术呢？

自那以后，周党隐居渑池，终日埋头于著书立说中，不再涉足朝堂半步。在他离世以后，当地人专门为其设立祠堂纪念他。

再容我多说一句：范升认为周党所觊觎之位——三公的年俸高达四千石以上。年俸六百石与年俸四千石，可谓云泥之别！为了实现俸禄的一跃升天，确实需要高等战术。或许范升本人也在为飞黄腾达而思量着辞职战略。只是不幸地被周党捷足先登，他心中的怒火便喷涌而出，难以遏制。

范升是东汉初年著名儒者，曾因被前妻起诉而锒铛入狱。出狱后，曾任聊城（今山东省聊城市）县令——年俸千石，随后又因受到某重大事件的牵连而被罢黜，孤身浪迹天涯，抱憾而终。

汉光武帝刘秀
取自唐代阎立本绘《历代帝王图》，美国波士顿美术馆藏

4

为求入仕之门,"处士"终日苦思冥想、忧虑不安。由于世间处处充斥着利欲熏心之人,范升将周党之举视为"求得荣华富贵"的高等战术也极为自然。如若周党真的对入仕之途厌恶至极,那他定会采取其他方式来避免入朝为官。周党因声名远扬而受到天子征召,如果他不曾扬名在外,自然也就不会为天子所召,也就不会被迫入朝为官了。

高凤,字文通,生于南阳郡叶县(今河南省平顶山市叶县),东汉中期著名隐士。他因精通学问而名声著闻,如此一来便存在风险——会受天子征召,被迫入朝为官。于是,他千方百计地破坏自己的名声。

高凤曾因财产问题遭到大嫂起诉。《后汉书》记之"讼田",意指围绕田地所有权问题的纷争。当然,这实则是场"假诉讼"。高凤兄长逝世后,嫂子成了寡妇。世人皆会认为,他与无依无靠的嫂子争夺财产,实乃荒唐之举!高凤也因此轻易地令自己名声扫地。

当时,郡太守负有选贤举能的重任,一旦稍有怠慢,则会视为"失职",工作评分也会相应降低。因此,太守必须练就慧眼,以寻得贤能之士。在选贤举能的过程中,太守自然是将"名声"作为评判标准。高凤因学识渊博而声名远扬,又因与嫂子间的田地纠纷而名声扫地,两者恰好一笔勾销。

除"假诉讼"之举外,高凤还尝试了各类方法来避免入仕为官。原则上来说,后世科举考试是人人都有机会参加,但是"倡优皂隶"之徒为例外——戏子、奴隶皆为贱民,不应被当作人看待。东汉时期,科举制度尚未确立,此类贱民即便学富五车、才高八斗也无法入朝为官。高凤便着眼于此,到处宣扬"吾乃巫人之后"。"巫人"之职为请神灵附体之职,为特殊阶级,其家族之人亦不可置身宦途。

后世之人普遍将"巫"视为"女巫",而将"男巫"称为"觋"。但在当时，无论男女皆称为"巫"。虽然"巫蛊"二字也经常搭配在一起使用，但两者存在本质上的区别。"蛊"乃以邪道蛊惑人心者，而"巫"则是神灵附体之职。不过，两者皆使用吓人的伎俩，皆被视作"非常人"。"非常人"之家通常视作"不吉"，因而也不得入仕为官。

高凤不但在"同嫂子争夺田地"一事上煞费苦心，还到处宣称"吾家乃巫人之后"。不过，事实的真相为高家既非"巫人"之家，高凤本人也无意与嫂子争夺财产。何止无意，他甚至后来将所有的财产都让与兄长之子。

于某些人而言，入仕为官是望眼欲穿之事。但于另一些人来说，确是唯恐避之不及之事。当然，也有人大肆责难高凤，说："扬言自家为'巫人'之家，实属玷污家族名望之事！"不过，他若不做到这一地步，恐怕难逃入朝为官的命运。

就当时社会而言，无心仕途者实属例外。占压倒性优势的绝大多数还是渴望入仕为官的。如此说来，官吏之位到底有何魅力？是俸禄极具吸引力吗？既然为"士"族阶层，想必是拥有一定的资产，俸禄于他们而言绝非决定性因素。

官场乃决定人生胜负的唯一比武台！想必这正是官吏之位最大的魅力。功勋等级决定了人的价值。朝堂之中又存在上下等级、地位之分，因此世人认为追名逐利乃人生之全部意义。从这一常识出发，既然生而为男，就必须踏上这个比武台，除此之外别无他途。升官加爵之事，不仅仅是光耀门楣，而且也是乡党之骄傲。

入仕为官的物质优势，恐怕并非俸禄，而是所居之位带来的各种巨大权益。据说在清朝，一旦受任为广东地区的地方官，同族及近邻皆会前来道贺。广东一直至鸦片战争前夕都是清政府公认的通商口岸，这里存在着巨额利益。若说这部分利益是贿赂，则太过露骨，世人理所当然地认为它是官吏应得的特殊利益。清朝官吏的实际正俸并不多，但以"养廉"之名所得的收入数额庞大。这部分"养廉费"则由国库拨发，以鼓励官员维持清廉之风。或许国家考虑到：若俸禄过少，官吏们说不定会干些不正当的事来饱私囊，而为了避免此类不正之风的产生，朝堂才决定下发"养廉费"。

众所周知，身居高位者可随自己意愿任用幕僚。多数情况下，他们会从同族人中挑选幕僚，正所谓"一人得道鸡犬升天"。从这一意义来看，高官晋升的竞争远非当事人一人之事，周围人也是无比关切。因而，有些人明明具备为官资格却选择避世隐居，世人视其为"怪人"，也实属情有可原。

5

人们常说："比起应届高考生，往届生考上大学显得更具能力。"这虽是落榜之人的不甘之辞，但毋庸置疑的是，苦难和挫折确实能够锤炼人的意志。只是，人人都不愿落榜。

在官场上，任何人都不想在追名逐利的比赛中主动弃权，更不想离开自己坚守的岗位。不过，也不乏一些短时间内被迫离职的情况。这类情况通常是在当事人毫无过失的情况下被强行勒令离职，而并非因过失遭到中央免职。在深受儒教教义影响的封建体制下，人们普遍认为倘若遭逢双亲离世之变故，依然能平心静气为官之人实为"大不孝"，非人道之举。因此，官员们在服丧期间会被迫辞官。

世人将这类父母离世而被迫辞官之举称为"丁忧"或"丁艰"。"丁"字内含"遭遇、遭受"之意，遭遇父母离世之忧或是艰难处境，就称为"丁忧""丁艰"。"丁忧交替""丁忧守制"等词，意为遭遇父母离世的官吏必须在家服丧。通常情况下，替父母守孝的服丧期为三年，清朝的丁忧守制时期则为二十七个月。

丁忧期间，既存在以休假形式保留官职却不发俸禄的情况，也存在被人顶替的情况。但无论何种情况，都必须在相当长的一段时间内远离朝堂。况且，当时社会的人普遍早婚，平均寿命也比现代人更短，所以双亲

《治任别归》
传说，孔子死后葬于鲁国都城以北的泗河边，弟子们服丧三年，而子贡在墓
侧结庐守墓六年才离去

的离世时间通常位于孩子三十五岁至四五十岁之间。这段时间正是官吏们
事业的上升期，正是工作热情最为高涨的时期。举例而言，进士出身的精
英人才，他在三十五岁至四五十岁那个年龄段早已身居要职，最高职位亦
是近在咫尺。其中，也有不少事例令人感觉是与同期人的官场斗争终于迈
入了最后的直线冲刺阶段。欲使出浑身解数做最后的冲刺之时，却无奈被
喊停。这对当事人而言，势必遗憾至极。临终前卧于病榻之上的父亲也同
样会顾虑：要是现在咽气，对儿子的前程可大为不利啊。恐怕父亲也会死

不瞑目吧。

不过，丁忧之制有时也能产生绝妙效果——在即将抵达目的地，全身血液沸腾之时，突然被人从追名逐利的竞争中拉了出来。由此，官员们便可悠然坐于观众席，旁观这场权力角逐，从中也能看清曾经那个争权夺利的自我。

"那样可不行啊，实在太糟糕了！"

从激情燃烧的竞争者一下子变为冷静客观的观众后，他们能以清醒之眼旁观世事，想必这种转变对官员人格的形成大有裨益。当然，"丁忧守制"产生的原因并不是出于这方面的考虑，这一制度虽成型于儒教教条主义的头脑中，但结果却好得出人预料。"丁忧"期间，或许是一生中最充实的时光。若是如此，即便在事业黄金期全身而退也毫无遗憾可言。

不过，从人才利用及经济角度出发，令进士出身的大官员停职二十七个月，实乃浪费之举。双亲各一回丧事，加在一起就需要五年左右的时间远离朝堂，回乡守丧。或许出于这方面的考虑，"丁忧守制"也并非严格到滴水不漏，也存在提前结束停职，官复原职的情况。世人称之为"夺情"。作为子女之情，当然希望在父母守丧期结束之前服丧尽孝，但现实不允许，有诸多的国家政务等待他去处理。因此，"夺情"即"夺取子女的至情以任职为官"。

鸦片战争的民族英雄——林则徐就是最好的例证。时年三十七岁，他收到了父亲的病危通知后回到福建老家。从七月至翌年四月，他过了一段短暂的"浪人"生活。不过万幸的是，父亲的性命保住了。到了四十岁那年的七月，其母病逝，林则徐丁忧回乡。不过，翌年二月他又受任为"江南道监察御史"，前去监督南河的修缮工程。结束这项短期的临时任命后，五月又回乡继续服丧。一年后的四月，朝廷再次任命他为"两淮盐运使"，但这次他以守孝期尚未结束为由，推脱了任命。那年五月，林则徐就任陕西按察使。

从林母病逝到林则徐就任陕西按察使，之间只经过了三年左右的时间。准确来说是两年零十个月，即三十四个月。这已超出了清律所规定的二十七个月，但他曾中途数月任职"江南道监察御史"。不过，这里值得注意的是，朝廷在他还服丧期间就任命他为"两淮盐运使"。一般情况下，中央的任命无法违抗。但服丧期间属于例外，能够推脱中央的"夺情"。

林则徐结束服丧后，奔赴京城，重新踏入朝堂。但是后来父亲不幸离世，他又必须辞官归乡。几年后，他受任为"湖北布政使"。此次服丧期间林则徐没有担任一官半职。而这几年不正是他精力、体力最为旺盛的时期吗？

林则徐画像
清代李嶽云摹

"唉，真是可惜！"我长叹了一口气。

不过，在精力最为旺盛的年纪中，林则徐度过了平静如水的"浪人"生活，这反倒益于他今后的人生。父亲的服丧期结束前，他回到北京做复职准备，等候再入朝堂的时机。那段时期，他加入"宣南诗社"，结识了魏源、龚自珍及黄爵滋等英才。在鸦片战争这一国难当头的重大时刻，林则徐能够同这帮朋友交往实乃一大幸事。正因为同他们交往，他才得以上奏朝堂，而后受任为钦差大臣，前往广州。试想一下，倘若换作别的高官面临这般危难局面，鸦片战争的历史也会有所改变吧。

鸦片战争爆发后，太平天国运动也随之兴起，清政府处在了千钧一发的内忧外患之际。在这般国难当头之际，当然不允许有能力的官员一直处于丁忧守孝中。

咸丰二年（公元 1852 年），时任礼吏部侍郎的曾国藩遭受母亲逝世之痛，回湖南服丧守孝。那时，太平天国军从广西出发攻向都城北京，因长沙久攻不下而放弃，转而攻陷武昌，致使湖南、湖北等地混乱不堪。于是，朝廷便命令服丧期间的曾国藩协助湖南巡抚张亮基操练士兵。不言而喻，此为"夺情"之举。其母逝于六月，是年十一月他就收到了"夺情"命令，结束了未满五个月的"浪人生活"。曾国藩为遏制太平军势力的发展，组建了"湘军"。

五年后，曾国藩父亲逝世。然而此时与太平军之间的战斗愈演愈烈，形势已危急到不允许他再次回乡守孝，过"丁忧浪人"的生活。但是，曾国藩是一名彻头彻尾的大儒士，若无法回乡服丧的话，总觉得有悖孝道，心中愧疚难安。朝廷为了奖励他赫然的功绩，准了他三个月假期。

咸丰五年（公元 1855 年），曾国藩的老师——李鸿章也同样遭受了丧父之痛。但他一直坚守军营，没有回乡守孝。战争时期，不允许存在"丁忧浪人"。

为了方便起见，我在前文中一直使用"浪人"一词，但中国一般将离开朝堂之举称为"下野"。对中国人来说，"浪人"给人一种来自日本的

"大陆浪人"或者"支那浪人[1]"的印象，或许可能会产生某种特殊反应。而且，日本军部通常将无法公开行动之事交由"浪人"去做，所以"浪人"还给人一种"狐假虎威、为虎作伥、坏事干尽之徒"等肮脏印象。因此在记述中国的相关事情时，还是应当三思，慎用为好。

[1] 支那浪人：指 20 世纪初日本派到中国的间谍。

1

正如汉字所示，"恶党、若众、兵队（即士兵）"等词应为复数含义，但日语恰恰相反，表单数之意。汉语中，一旦在词尾加上"党、众、队"等后缀，就一定是复数词汇。仅凭这点，我们不难得知汉日两语中的"恶党"一词存在些许差异。日语中的"恶"字包含着"威势"之意，而汉语中的"恶"往往与"善"相对。

日语中的"恶党"一词的意义是，势力强大的反体制者，抑或是远离体制中枢之人及其所率领的集团。从这一意义来看，中国漫漫历史长河中的"恶党"不计其数。"恶党"一旦大获全胜，新王朝就随之问世，他本人也将登上至尊之位。反之，一旦失手，他就会在烽火硝烟中身首异处，或是被当作叛徒送往刑场，在众目睽睽下结束耻辱的一生。

汉高祖刘邦、明成祖朱元璋等人皆属获胜派的"恶党"。不过后汉刘秀、魏国曹操父子、晋国司马父子、唐朝李渊和李世民、宋朝赵匡胤等人就不能称为"恶党"，因为他们在登上至尊之位前就已位极人臣，拥有着至高权力。

当然，败北之例也不胜枚举。刘邦获胜前，陈胜、吴广等人亦揭竿而起。汉末的赤眉军，后汉末的黄巾军，皆纷纷起义反抗暴政。唐末爆发黄巢之乱，明末亦有李自成举兵造反。

在日本历史上，楠木正成[1]也属"恶党"之列。他并非从一开始就反对当时的体制，而是身处偏离主流体制之列，却又在非常时期，被归入主流体制中。

三国时代，割据汉中的五斗米道[2]天师——张鲁等人也属此例。面对蜀汉及魏国政权，张鲁自立门户。在魏国举兵攻打之际，他预见到采取自立姿态终究难存于世，最终归顺魏国。值得注意的是，"自立"与"造反"是性质截然不同的两种情况。

楠木正成也曾在河内国[3]一带自立门户。近年来的学术主流认为，楠木正成一党曾是承包贡米运输工作的运输人员。从事正经工作，并以此获取固定收入，这就是他们得以自立的先决条件。

张鲁曾是"五斗米道"这一道教教团的教主。因该教团在替世人排忧解难后收取五斗米以作谢礼，故名之。作为一个教团，自不必说其经济基础十分雄厚，再者他们还幸运地占据着"汉中"这易守难攻的绝佳地理位置，所以在一定时期内，极有可能自立门户。这里所谓的"一定时期内"是指这一时期其中一个争权夺霸的集团势力变得异常强大，并全力扩大势力圈范围。

为了在体制外实现自立，"养活自己"乃重中之重。无论是败例，还是胜案，这都是"恶党"存在的首要条件。

说到中国的"恶党"，想必很多人都会不由得联想到《水浒传》。小

[1] 楠木正成（公元1294年—公元1336年）：日本镰仓幕府末期到南北朝时期著名武将，在推翻镰仓幕府和中兴皇权中起了重要作用。

[2] 五斗米道：一般指天师道，由道教祖天师张道陵创立，并著写《老子想尔注》，为后期道教发展打下基础。

[3] 河内国：日本古代的令制国之一，属畿内地区，为五畿之一，又称河州。河内国相当于现在大阪府的东部，农业和商业都较发达。

梁山好汉之鲁智深、林冲、柴进
《绘本水浒传》插图，葛饰北斋绘

说中登场的一百零八位梁山泊好汉，在宋江的带领下最终归顺朝廷。但归顺前的曾头市战役中，霹雳火秦明与小李广花荣二人率三千士兵从南部进攻；花和尚鲁智深与行者武松二人也同样率三千士兵从东部进攻；青面兽杨志与九纹龙史进二人则率三千士兵从北部进攻；美髯公朱仝与插翅虎雷横二人率三千士兵从西部进攻。中央本阵由宋江与军师吴用、公孙胜三人所率领的五千精兵组成，黑旋风李逵与混世魔王樊瑞二人所率领的五千士兵则从敌后进发。仅仅这些士兵，就已多达两万两千人。当然，其他的小径上还分布着卢俊义带领的五万士兵。梁山泊也驻留着大批士兵。

若将杂役人员、士兵家属等人悉数计入其中的话，梁山泊集团下的总人员超过五万。养活如此庞大的人口绝非易事，仅靠着打家劫舍掠夺而来的钱财物资是远远不够的。梁山泊必定藏有诱人的"生财之道"，即经济基础。如果这里毫无生财之道，想必《水浒传》中的英雄豪杰们从一开始就不会云集于此吧。

聚集于梁山泊的一百零八位好汉中，既有宋江这类的下级官吏、林冲这类的下级军人，也有监狱看守、祈祷师，抑或是像阮家三兄弟一样的渔民。

梁山泊乃水乡，渔民众多是不言而喻之事。这一细长的湖沼同样还是便捷的水上运输路线，运输人员以此进行各项运输工作。

当时，正值北宋皇帝宋徽宗（公元 1082 年—公元 1135 年）当政时期。徽宗帝是中国历史上首屈一指的杰出书画家，但治国方面，他骄奢淫逸，浪费无度，难谓圣主。为了讨好"浪费天子"，朝廷命官们必须想方设法增加岁入，即如何才能从百姓身上获取更多钱财。

然而，各大税收方案均遭到冷遇。譬如，朝廷提出对船只征收税金，那些未缴纳税金的船只无法获得执照，均被打为"非法船只"。

"帝力于我何有哉！"

那些远离政务，悠然自得的渔民们如今必须为自己所拥有的船只缴纳税金。不言而喻，这无疑是一项重税。"非法船只"也因此不断增多。就连生活相对富足的渔民们也会逃税——只为三艘渔船中的一艘缴纳税金，其他两艘作为"非法船只"继续工作。此外，运输人员的船只也大多如此。

除增加税金的征收外，朝廷的举措还包括进一步加强对盐、茶、酒、白矾、香料等官府专卖品的监管，打压非法交易。然而，一旦加强打击偷税、逃税、漏税行为及监管专卖品，犯罪人数就会增多，惧于刑法而四处逃亡的人数也会增多。那些触犯法律，从捕吏手中逃走的罪犯们将何去何从呢？

他们将逃亡至同伙处。一到那里，彼此间洽谈："你是逃犯吗？我也是。"如此一来，随着犯罪同伙不断增多，罪犯们也就变得更为心安。

他们暗暗盘算着：反正已犯过一次事儿了，就不在乎多犯几次。所以，聚集在一起的同伙们继续干着非法勾当。一旦官府加大监管力度，逃犯们也会采取相应的对策，加强防守工作。非法渔民和非法运输人员由此武装起来。

  梁山泊就是这样一个"藏身之地"。一百零八名梁山好汉就是其中的领导人，而那些干着非法勾当的团体正是《水浒传》主人公们的坚强后盾。最初，朝廷意图出兵讨伐，但讨伐未果的情况下，努力使其归顺。这正是魏国对付五斗米道天师张鲁的方式。《水浒传》中的绿林好汉们最终归顺朝廷，成了"忠义之士"。这些成为"忠义之士"的梁山泊好汉们就同楠木正成一派的"恶党"别无二致了。

梁山泊
《绘本水浒传》插图，葛饰北斋绘

2

小说《水浒传》后半部分，讲述宋江等英雄豪杰归顺朝廷后，远征大辽，在平定田虎之乱、王庆之乱及方腊之乱中立下赫赫功绩。因个人喜好的差异，我不太喜欢这部分故事。情同手足的豪杰们在征战中相继离世，留下的寂寥之感总是萦绕在我的心间，久久不散。但不可否认，豪杰们的壮烈牺牲升华了故事的主旨，进一步加深了小说的内涵。

方腊也称得上是"恶党"。他领导的团体具备一定的物质基础，同时在团体成员的生计遭到威胁后，雄起造反。此外，宗教势力进一步强化了团体内部的凝聚力。

虽然同是奋起造反，梁山泊好汉的起义就不具备任何宗教因素。虽然梁山泊好汉中存在花和尚鲁智深，但他生性不羁，不受戒律约束。我在阅读小说《水浒传》的过程中，丝毫感受不到宗教气息。但在方腊之乱中，却弥漫着浓厚的宗教气息。《宋史》将方腊记为"妖贼"，而将梁山泊的头领宋江记为"淮南盗宋江"。此外，宋江等人还被称为"草寇"。

方腊之所以被唤为"妖"，我认为这与其浓厚的宗教气息密不可分。《水浒传》中对方腊的描述如下[1]：

> 此人原是歙州山中樵夫。因去溪边净手，水中照见自己头戴平天冠，身穿衮龙袍，以此向人说自家有天子的福分。因朱勔在吴中征取花石纲，百姓大怨，人人思乱，方腊乘机造反，就清溪县内帮源洞中，起造宝殿、内苑、宫阙，睦州、歙州亦各有行官，仍设文武职台，省院官僚，内相外将，一应大臣。

---

[1] 原书引用了平凡社出版的《水浒传》，译者为驹田信二。本书则引用了岳麓书社出版的《水浒传》。

梁山好汉之宋江、朱仝
《绘本水浒传》插图，葛饰北斋绘

众所周知，《水浒传》同《三国演义》《西游记》一起被誉为"明代三大奇书"。这三部小说都是基于史实创作而成。其中，最忠于史实的当数《三国演义》，而《西游记》则恰恰相反，唯一的史实是玄奘前去天竺（今印度）求取真经，孙悟空、猪八戒、沙悟净等人物均是虚构出来的，故事情节也可谓是天马行空，玄幻无比。忠实程度介于两者之间的便是《水浒传》。

无论是方腊造反，还是宋江等绿林好汉的起义，皆是毋庸置疑的事实。小说是在结合这些事实的基础上，进一步润色加工而成。只是，这两大史实的衔接不免令人生疑。据《宋史》记载，妖贼方腊于宣和二年（公元 1120 年）登上历史舞台，翌年被擒，且于七月被押送至京师（今北京）。然而"淮南盗宋江等犯淮阳军"事件则是发生在宣和三年（1121 年）二月。若宋江是在归顺朝廷后平定四回叛乱，其最后一回叛乱为"方腊之乱"的话，那两者在时间上完全脱节。恐怕由于《水浒传》的体裁为小说，因而作者未对这些史实细节严格考证吧。

不过，上文对方腊的记述大致贴近史实。只是作者为了矮化方腊的形象，而故意将其出身述为一介樵夫。事实上，方氏为当地的名门望族，方腊本人也极具威望。

上文提及的睦州、歙州地处浙江省及安徽省辖区内，位于钱塘江上流——新安江的流域范围内。此处，我不由得联想到"新安商人"一词。

在过去的中国，只要一提到商人，便是指"山西商人"或是"新安商人"。这就如同日本人一提到精打细算、擅长生意之人，就会立马联想到"近江商人"一般。

新安人为何如此擅长做生意呢？我想这是在多种因素共同作用下形成的结果。当地物产资源极其丰富，加上距苏杭这两大纺织业中心不远，且又靠近盐业中心地——扬州，因而商品种类极其繁多。这自然成了新安商人擅长经营的一大基础。

盐为专卖品，属官营产业，因而个人不得私自贩卖。贩卖私盐属违法行为，一旦败露就会被处以严刑。这一搭上性命的高风险交易却伴有相当可观的收益。"新安商人"极有可能就是从"私盐"交易中渐渐强大起来的。

如此高风险的交易必须由同伴们相互协作才能完成。正因为这是攸关性命的冒险之举，大伙儿都是拴在一根绳上的蚂蚱，所以这个命运共同体才孕育出了一股异常强大的凝聚力。方腊无疑就是这一命运共同体的领头羊。《水浒传》中虽将方腊描述成一介樵夫，但事实上他是富人集团的代表，坐拥大片山林，漫山遍野栽种着漆树。

"漆、栗、蜜、笔"被誉为新安"四绝"。这"四绝"的日语读音分别为"shitsu""ritsu""mitsu""hitsu"，读音全部都以"-tsu"结尾，给人一种合辙押韵的诗歌游戏之感。此外，这四种特产在汉语的中古音的读音均为入声，此点也极为有趣。

通过贩卖私盐，方腊积累起了巨额的财富。他所带领的团伙虽然也染指漆树等别的产业，但私盐贩卖始终都是主行当。只要还继续着私盐贩卖，他们就必须加强组织凝聚力以确保自身安全。那么，何以强化凝聚力呢？

宗教。

方腊等人以"吃菜事魔"，即"一人为魔头，结党事之，皆菜食，不茹荤"的信仰来集结同党中人。据学者的研究可知，他们正是摩尼教。教祖摩尼在 3 世纪生于巴比伦尼亚，他在琐罗亚斯德教[1]的基础上充分吸收了基督教及佛教的教义，从而创立摩尼教。7 世纪，即武则天时代，摩尼教传入中国。不过，世间还流传着另一种说法——早在北魏时期，摩尼教就已传入了中国。

---

[1] 琐罗亚斯德教：公元前 6 世纪年后波斯预言家琐罗亚斯德创始的宗教，又称拜火教，南北王朝时期传入中国。

萨珊王朝[1]时期，摩尼教不断发展壮大，广为传播。后来因遭到琐罗亚斯德教徒的反对而受到强力打压。

与佛教、基督教、琐罗亚斯德教等宗教的传教方式截然不同，摩尼教并非是通过信徒传教的方式进入中国，而是为了躲避法难。新疆维吾尔自治区下辖的吐鲁番区内至今还保留着高昌古城遗址，里面建有摩尼教寺院，同时还出土了摩尼教典的碎片。另外，在敦煌石窟寺中也发现了汉译摩尼教典。

9世纪中期，唐武宗曾在会昌年间大力打压宗教。武宗是狂热的道教信徒，打击道教以外的一切宗教。其中，佛教成了主要攻击目标，而景教、琐罗亚斯德教、摩尼教等教也未能幸免于难。

在胡三省注的《资治通鉴》中，将史书中的"大秦穆护"释为"如回鹘摩尼之类"。

在会昌灭教中，祆教，即琐罗亚斯德教，受到致命性打击。不过，摩尼教自创立以来就是在夹缝中求生存，好像早已习惯了外界的打压，即便在最为严酷的镇压中（据日本元仁时期的旅行日志可知，佛教之徒还俗即可，而摩尼教徒即便还俗也难逃被杀之命）也顽强地存活了下来。在中国，该教亦称为"明尊教"。

多次遭受镇压的宗教会不断改进团体的自我保护方式，组织性质也越来越接近于秘密结社。

以方腊为首的私盐贩卖小团体采用"吃菜事魔"的教义，并对信奉该教义的组织加以有效利用，在此基础上发展成为大团体。民间将摩尼教寺院称为"大云光明寺"。

可见，摩尼教并非方腊等人始创，而是方腊等人为了强化自身组织的凝聚力，对这原本存在的组织加以了有效利用。

---

[1] 萨珊王朝（公元226年—公元651年）：古伊朗（波斯）王朝，由阿尔达希一世推翻安息王国后创建，疆土辽阔，以琐罗亚斯德教为国教，实行基于神权的专制统治。

3

当时，江南的谷物及物产资源足以养活整个中国。所以，荒废江南之举无疑是将国家推向毁灭的深渊。

时值宋徽宗在位。徽宗是位极具艺术细胞，但毫无政治敏感的君主。他一心只考虑如何满足自己对美的追求，而对政治事务毫不上心。他极尽奢华，尤为热衷于园林修建。

说到中式庭园，就离不开石头及花草树木。园林中的事物皆考究至极，不是普普通通的寻常之物，更何况是皇家园林，所用之材更是稀世珍宝。庭园中所用石材必须取自水中——世人认为山石干枯，唯有在水中沉睡数万年，自带润泽的石材才足以令人心生敬畏之情。此类名石尊称为"峰"，太湖便是著名的水石产地。

为搜集和运送珍贵的树木、奇花异石等物品，水夫们将船只连接起来。这便是历史上著名的"花石纲"。

江南一带，多奇花异石。因而，富庶的江南地区成了徽宗帝横征暴敛的对象。方腊坐拥漆木山林，优哉游哉，却也深受"花石纲"影响。地方官员接到朝廷"苛政重税"的指令，加上此举本就利于自身利益，所以他们都"尽职尽责，尽力为之"。

那是一个彻彻底底的"官尊民卑"时代。即便是在百姓中居于领导地位的方腊，一旦受官府之手触及，也丝毫没有抵抗能力。他不但被官府征用钱财物资，还被勒令去官府打杂。

方腊是当地家喻户晓的大富豪。官府的这一举动不仅仅是为了令其蒙羞，更是为了除掉他，以绝后患。倘若给他个一官半职，只要他工作中稍有过失，就吓唬他："要上报上级，你等着受罚吧！"到了这种紧要关头，地方官员们料定他作为腰缠万贯的大财主，势必会用金钱来摆平面前的困境。这正是乡间官吏的眼光短浅之处啊！此时，遭受万般压榨及羞辱的方腊幡然醒悟，暗暗思忖着："若是一直这样下去，直至凄惨地倒毙路旁，想必都摆脱不了官府的魔爪了吧。既然如此……"

被逼入绝境的方腊终于揭竿而起。他起义之时，刚好有一个现成的"吃菜事魔"组织。只要进入该组织的领导层，就能举兵造反。奋起响应之人也绝不仅仅是组织内部的同伴，还有大批因"花石纲"而被官府榨得一干二净的穷苦百姓们。他们对官府恨之入骨！所以一旦有人高举造反之旗，他们定会纷纷起来响应。

方腊并非野心勃勃之人，却在这样的情形下被迫踏上造反之路。其起义规模之大远非梁山泊"草贼"们所能比拟。据说，当时从事走私相关工作的人口数量相当庞大，远远超乎我们的想象。换言之，除了走私官府的专卖品外，当时没有其他生财之道。

"打倒朱勔！"方腊一党喊响了起义的口号。一听闻"朱勔"之名，江南的百姓个个怒发冲冠。因为朱勔正是"花石纲"的实际指挥者，是罪魁祸首。他榨取江南百姓的钱财物资，使百姓家破人亡、妻离子散。再加上他本人为苏州人，就愈加招致百姓们的厌恶之情——明明同为父老乡亲，他却毫不留情地横征暴敛，简直毫无人性，荒唐至极！

由于方腊是在危急时刻被迫举起起义大旗的，所以前期准备不够充分。若是没有"吃菜事魔"这一现成的摩尼教组织，恐怕他会选择逆来顺受。但正因为这一组织的存在，再加上他认定该组织极其可靠，才萌生了起义的念头吧。不过可惜的是，摩尼教这一秘密组织是从法难中幸存下来的，因而它并不具有进攻性，而是防守型组织。在造反一事上，并未发挥多大的作用。

除准备不充分，缺乏进攻性这两大弱点以外，方腊所率领的叛军缺乏冷静，有时甚至完全失控，毫无理智可言。百姓对官府的愤怒作为一股强大的力量集结在了一起，但他们却打散了这股力量。

直接榨取江南百姓的是大大小小的地方官吏，方腊一党便将百姓憎恶的矛头引向他们——那些下级官吏们从百姓的口袋中榨取钱财，抢夺田地里的谷物，没收辛苦运送的私盐——对他们施以报复。结果，方腊一党杀尽了地方官吏。

北宋王朝派遣以宦官童贯为总司令的朝廷大军下江南，镇压起义军。此时，方腊率领的部队收服了六州五十二县，已无法集中火力对抗朝廷大军。他们好比随意蔓延的火势，不久以后也就自然而然熄灭了。由于方腊起义并不是在长年累月的精心策划下进行的起义，所以总给人一种徒劳之感。况且，当时运势亦不佳，正值北宋王朝动员国军之际。为了与新兴的金国政权联起手来夹击北方的宿敌——大辽政权，朝廷组建了一支远征军，但该部队尚未向北进发。待这支讨辽远征军的粮食、武器等一切事物都准备就绪，他们便能立马南下，镇压叛军。

若是精心策划的造反，方腊他们一定不会在这个关头做出举兵反叛的愚蠢之举。如果再静心等候数月，待宋军主力往北迁移后，中央余下的军事力量就变得势单力薄。趁这种时候起义，才是符合常识的明智之选。组建向北进发的远征军之举，即便在当时暂属国家机密，但只要对这般规模巨大的举动稍加侦察，就能立马获悉吧。

方腊一党在尚未侦察敌情的情况下，就大举起义。他们或许是因为饱受折磨，忍无可忍了才奋起反抗的。但不得不说，这实属一时兴起的愚蠢之举。

4

从小时候起，我就经常听到"过盐水的"（kueyamutsuie）一词。其中的罗马字注音为闽南语发音，台湾地区也广泛使用该词——咸咸的水，即意为海水。

从字面上看，该词的意思为"越过大海的人"。若是从台湾越过大海，无非就是去往对岸的福建，或去往广州和汕头，抑或是去到日本及东南亚各地。因此，该词也特指一部分人，这些人与长年生活在台湾岛上的居民相比，已经见识过大千世界。

我之前一直以为该词是褒义词，只含有"经验丰富""见多识广"这类积极的语感。但若是好好留意其用法的话，就不难发现它也包含贬义色彩。在进入小学高年级阶段时，我注意到该词还暗藏其他意思——"此人见识广博且经验丰富，绝非是我等愚笨之辈，应对其提高警惕……"换言之，它意指那些无法用一般手段应对的人。

一旦碰上麻烦或者遇到难以抉择之事时，纯朴的村民就会去找这些"过盐水的"出主意。这种方式虽然便捷，但村民对他们所说的话，不可尽信，否则会陷入危险的境地。同时各村的情况也各异，这个村子"过盐水的"为船员，另一个村庄则可能是商人，还有可能是外出务工人员。事实上，楠木正成也曾为运输人员，这引起了我的兴趣。运输人员四下游走，必定见多识广。不管在任何年代，掌握大量信息的人总归是强大的。

方腊如果真如史书记载的那般，的确走私茶、盐等官府专卖品，那么他就是通过四处游走来谋得生计。这就同因贩卖私盐而召集众人的情况不相符合。因为非法商品的交易必须在私底下悄悄进行。在采购私盐时，需尽可能地靠近制盐地，否则就相当危险。就像在台湾的乡下地方，百姓们觉得"过盐水的"值得信赖一样，方腊一党也深受附近百姓的敬仰与信任。

使大唐帝国灭亡的黄巢，也是私盐贩卖商。在推翻元朝政权的各路造反军头领中，也不乏私盐贩卖商和从事走私相关工作的人员。明末，率领农民军攻陷紫禁城的李自成也曾是一名驿卒。无论是驿卒还是运输人员，他们都居于信息的最前线。据《明史》记载，李自成自幼牧羊，长大后成为银川的驿卒。虽然他只是隶属于银川驿站的一名士卒，但他平日需要四处奔波，除了自身所能接触的信息之外，他还能从其他载人送货的驿卒伙伴那里听到各地情况。因此，他较常人掌握了更多的信息。

太平天国运动动摇了大清帝国的统治，给朝廷致命一击。其中大部分的起义者都是广州至长江这条运输路线上的运输人员，如杨秀清、萧朝贵等。清代广州的地位等同于日本长崎，是中央开放的唯一一个通商口岸。进出口商品都汇集于广州，也从广州运往各地。运输人员也因此活跃在广州至长江水路圈的运输路线上。运输路线有两条：一条是经由大庾岭沿赣江抵达九江，另一条是经由南风岭抵达湘潭。在这两条运输线路上，挑担谋生的运输人员约有十万人，若再算上从事相关工作的人——旅馆经营者、餐饮业者及小商小贩的话，总人数则高达数百万。

鸦片战争战败后，清政府不得不废除只开放广州的贸易体制。《南京条约》规定开放五个通商口岸，其中上海的开放沉重打击了上述百万运输人员。那些他们曾肩挑车载的货物，而今都由大商船运往上海。因此鸦片战争以后，在以广州为起止点的运输路线上工作的运输人员也就纷纷失业了。不过，他们不是普通的失业者，而是"过盐水"的团体。或许这群人的知识水平并不高，但至少他们掌握着大量信息，并且拥有强大的人脉资源。

若是只身踏入陌生土地游玩的话，难免担惊受怕，所以为保卫自身安全，多人组团前往更为合适。由于交易品价格昂贵，运输人员往往也与"护商""保镖"等人一同随行。他们平时过惯了团体生活，自然也就熟知团体活动的纪律。他们深知：组织内部不和是最致命的问题。于是，领导者们整日冥思苦想：如何才能成为一个更团结的组织？团体中的高觉悟人员会不断思索此问题。这么想来，杨秀清能够从众多的运输人员中脱颖而出，手下的势力渐渐发展壮大，最终成为太平天国运动中首屈一指的优秀组织者，也就不足为奇了。

前往未知土地的那份不安，仅仅依靠武装力量自卫是根本无法消除的。与运输线路上的头目搞好关系，也是紧要之事。只要事先与头领打了招呼，就能避免众多不必要的麻烦。情义之礼当然不可懈怠。此外，在自己的领地上，也不能忘记要善待那些从外地远道而来的运输人员。因为，既然大家干的是同一行，不就是唇齿相依、相互扶持的关系吗？若这样的关系能在长年累月中得以维持的话，他们之间便会产生一种"广域连带感"。一到危急时刻，这种情感就会一触即发。鸦片战争后，这一危急时刻便悄然而至了。

"还有比失业更紧急的吗？"

"以后日子怎么过啊？"

当时，他们手中掌握着大量信息，与各地间的联系也甚是密切。此外，值得注意的是，这两条运输路线上的工作人员大多都是"客家人"。这不禁使我联想到在广西金田村揭竿而起的洪秀全，他亦为客家人。

"客家"一词的含义一目了然，即"后来移居过来的人"。那些肥沃的土地、轻松的工作早已被当地人抢占了。为了克服这些困难，他们必须齐心协力，勤勤恳恳地工作。于是需要大量体力且危险丛生的运输工作，便自然而然地成为多数客家人的选择。

5

失业即意味着无法维持生活，近乎是"死"的状态。为了生存下去，人类能无所畏惧，直面艰难险阻。造反的根源正是在于失业！

《南京条约》签订后，清政府被迫开放五个通商口岸，导致大量百姓失业，这就是太平天国运动兴起的重大原因。政府加强对走私行为的监管，迫使方腊一党陷入"失业状态"，因而他们不得不奋起反抗。他们不是为了夺取江山，不是为了改朝换代才雄起反抗的，仅仅是为了能够生存下去。

团队中必不可少的是觉悟高的知识分子，他们肩负着将组织中的力量导向革命的重大使命。方腊本人并无夺取天下之意。当时一位知识分子进言道："占领南京，建立革命政权。"他只是平淡回复道："我仅仅只是憎恶官员，并无治理天下的鸿鹄之志。"

起义失败后，方腊遭到朝廷诛杀。他并未注意到这是一场与朝廷间展开的你死我活的决斗。他若无夺取江山之意，就应当考虑如何生存下去。

若有人并无夺天下之意却揭竿而起，并且存活了下来，此人才是典型的"恶党"！如此看来，方腊还不具备"恶党"的资格。

至于方腊本人是否毫无政治抱负，我们不得而知。方腊自诩"圣公"，年号"永乐"。建立年号之举应当视为他有建立政权之意。即便怀有治理天下的远大抱负，他也不足以成为"恶党"。因为恶党是不会为了解救世人于水深火热中而揭竿而起的。

元朝末年，群雄蜂起。最终朱元璋推翻了元朝统治，创立明朝，一统天下。在当时雄起的各路叛军中，私盐贩卖者的头领们再次名列其中，世人称他们为"盐贼""盐徒"。元末的各路叛军头领中，张士诚、方国珍二人便是盐徒。张士诚称霸江苏，方国珍则雄踞浙江。在这两人当中，我认为方国珍更像典型的"恶党"。他不抱鸿鹄之志，随意游于乱世之中，最后竟奇迹般地存活了下去。

元至正八年（1348 年），方国珍在浙江台州府黄岩大举造反之旗，随后各地纷纷发生造反事件。可以说，方国珍打响了反抗的第一枪。因此，世人往往视他为豪情大胆的达观之辈。但查阅他的经历可知，世间少有像他这般处事谨慎，深谋远虑之人。

方国珍奋起反抗也实属无奈之举。起义之年，大致是在方腊之乱过后的二百三十年。虽两人同为方姓，但无法得知他们是否为同族。方腊生于浙江西部的青溪，方国珍则生于浙江东部的黄岩，临近大海。从地理位置来看，两地相去甚远。

据《明史》所载，方国珍"长身黑面，体白如瓠"，且"世以贩盐浮海为业"，可知其祖祖辈辈都以贩卖私盐为业，长年盘踞沿海地区。他在海风拂面、日光暴晒下，面部肤色日渐黝黑。史书又载"力逐奔马"，所以可知他还是怪力无双的豪杰。那时，贼人蔡乱头横行海上，元朝廷欲出兵镇压。一位对方国珍怀恨在心之人偷偷告状，说："国珍与蔡乱头一党沆瀣一气。"得知此事，方国珍了结了此人，随后便同兄方国璋，弟方国珉两人亡命天涯。明明兄长健在，方国珍却成了团队领导人，还有数千人投其麾下，这足以彰显出他卓越的统率能力。

虽然贩卖私盐属非法贸易，但实际上却是处于半公认状态。因盐贩的存在，普通百姓得以入手价格便宜的食盐。所以，百姓们普遍不把贩卖私盐视为违法行为。逃亡后的方国珍抱着破罐子破摔的心态，不但继续贩卖私盐，还做起了海盗。

他们一行人向漕船（官府的运粮船）下手。当时有三百五十万到四百万石的贡米经海路由江南地区运往国都北京。这些都是北部地区百姓的粮食，倘若江南地区的大米未能送达北京，那一带就会大闹饥荒，民不聊生。当然，元朝廷也不会对方国珍一伙人的张扬跋扈坐视不理。朝廷派出以朵儿只班为司令官的讨伐军前来打压，结果一败涂地，反被方国珍抓了人质。他同元朝廷进行谈判，从而获得了"定海尉"一职（该职相当于水上警察局局长）。借此，方国珍从"贼"一跃晋升为"官"，从被打压一方变为实施打压的一方。

虽然方国珍在身份上转为官员，但一如既往地干着"贼"的勾当，区别只是没有了打压他们的官兵。因此，官粮依旧无法抵达北京。朝廷忍无可忍，命行省左丞孛罗帖木儿率兵再次讨伐方国珍一干人等。不幸的是，朝廷军再次大败，成为他们的俘虏。于是，朝廷命大司农达识帖睦迩为使者，展开归顺工作。此外，元朝海军在远征日本、爪哇等战役中悉数大败，驰骋草原的马背英雄终究不擅长海上作战。朝廷最终放弃了海战策略，转而采取怀柔方针。

称霸大海的方国珍积累起了巨额财富。他曾派密使入京，收买身居要职的朝廷官员，为自己谋得一官半职。通过抓捕人质威胁朝廷抑或是实行贿赂来同朝廷谈判，方国珍最终晋升为江浙行省左丞相衢国公。这不正像是典型的"恶党"吗？

一直以来，元朝廷都默默咬紧牙关，默默忍受着一切。总之，粮食已被扣押，他们也只能舍卒保车。于是，方国珍一跃成为"大官"，利用职位之便全力进行秘密交易。

黄海沿岸，在靠近朝鲜半岛西南端的海底出打捞了大量宋元时期的陶瓷，这一下成为津津乐道的社会话题。在打捞起来的陶瓷中，当属元代龙泉窑的青瓷数量最为庞大，其次为景德镇窑的白瓷。另外，在同期打捞上来的古钱中，距离现在最近的年号为元朝"（后）至元"（公元1335年—公元1340年）。因为日本人对瓷器爱不释手，所以这艘船很可能是从宁波开往日本的商船，只是途中不幸失事，沉入海底。听到这则消息后，笔者进一步推测：若此艘商船为日本商船的话，则是为了获取经费的船只，与日本南朝相关。如果为中国商船的话，则是方国珍旗下的船只。

方国珍起义之年，正是楠木正行战死于四条畷的1348年。直至明朝初年，江南地区同日本之间的贸易都受方国珍掌控。

明太祖朱元璋从各路叛军中抬头。眼看起义将要成功之际，方国珍以五十斤黄金，百斤白金作为礼品进献朱元璋，并谦恭地表示愿意臣服于他。由此，朱元璋授其"福建行省平章事"一职。不过，他只接受了官印，以年迈多病为由并未实际就职。

朱元璋东征之际，方国珍再次私通扩郭帖木儿、陈友定等元朝廷重臣，意图谋反。再次同前朝的朝廷要员勾结之时，方国珍也只想着保全自身，毫无夺取江山之意。朱元璋得知此事后，怒气冲天，举兵讨伐。方国珍再次赠送数万两白银以求赦免。

朱元璋打败称霸苏州的张士诚后，于公元1368年，即洪武元年，在南京称帝即位。方国珍受任为广西行省左丞，寓居南京，洪武七年（1374年）在床榻上与世长辞。他不正是坏事干尽的典型"恶党"吗？

朱元璋屡次进行史上罕见的"肃清运动"，建国勋业者接二连三地遭到铲除。据说丞相胡惟庸被扣上"大逆不道"的罪名，连坐者多达一万五千人。第二次的肃清运动中，被铲除之人多达三万，第三次为一万五千人，皆被处以死刑。不过，扣在丞相头上的这项罪名似乎毫无根据。

尽管如此，方国珍及其子孙们依然能够安然度日。朝廷要除掉的对象是那些对明王朝的统治构成威胁的危险分子。无论是对元朝廷，还是对朱元璋，方国珍始终在归顺与反叛中举棋不定，他只想用金钱来解决一切问题，毫无治理天下之抱负。或许朱元璋不认为此等人物会构成任何威胁吧。

据《明史》记载："国珍首乱，反覆无信，然竟获良死……"最后得以善终是因为他是"恶党"中的"恶党"吗？

方国珍归顺明朝后，更名为"谷珍"。由于太祖朱元璋字"国瑞"，为避太祖之名讳，他将名字中的"国"字改为谐音的"谷"。

1

日语中的"数寄"一词为"好"（suki，即喜欢之意）的假借字。至于为何特地使用假借字呢？大概是因其含义与平时所说的"suki"一词不同，故而新创了该词吧。造词者想要在字义上表达：虽"数寄"一词亦为喜欢之意，但喜欢的程度与"suki"一词略有不同。一些字典中将"数寄"一词解释为"极爱之义"，即"不同寻常，超乎限度的喜欢"之意。不过，汉语中似乎不存在与"数寄"一词完全对应的词汇。

翻阅日语学习者所使用的日汉词典可知，"数寄"一词的释义为风雅、风流，或爱好风雅。然而"数寄をこらす"这一示例的释义为讲究风雅。在战前通用的另一种词典中，"数寄"一词作"文雅"解，而"数寄をこらす"一词作"极其风雅"解，即可理解为风雅达到极尽之程度，或者是极其讲究风雅。不过，这里所说的"极其讲究风雅"并非是自然而然达到极限程度，而是经过自身的努力才得以达到。由此看来，"数寄"与"数寄をこらす"的境界迥然相异，需要大下功夫才行。

现代汉语中的"风流"一词多含"好色"之意。因此，其中只有部分含义与日语中的"suki"一词重合。所以我觉得"数寄"一词作"风雅"

解更为贴切。

回望历史长河，中国自古以来就不乏过度讲究风雅之士。其中大兴风雅之道者当属北宋末代皇帝——宋徽宗（公元 1082 年—公元 1135 年）。因他本人过分执着于追求风雅，大宋王朝也最终断送在他的手中。虽然他的确是名卓越的艺术家，但其举止超过了一定限度，从而落得声名狼藉，留得个千古骂名。尤其是在国家处于危难之际，抑或是迈向繁荣昌盛之时，徽宗帝这般君主更是丝毫不得人心。

正所谓"过犹不及"！徽宗皇帝所追求的风雅不正是这一成语所传达的内涵吗？若是生于国家繁荣富强之时倒也还好，但他偏偏是生在金国这一大敌当前之时。由于他过度追求风雅，导致国力凋敝，最终坠入亡国深渊，他也因此成了臭名昭著的"数寄者"。

不言而喻，艺术含有剧毒。正因如此，艺术可能会危及国家统治，动摇国家根基，所以统治者不应深入钻研艺术。如果徽宗不是帝王，那任他怎么深究艺术都没关系，只可惜他偏偏出生在帝王之家，成了一国之君。

徽宗皇帝酷爱怪石奇岩。若将岩石置换为人，即为"怪人""奇人"。然而"奇人""怪人"指代的范围相当大，"数寄者"也能涵盖其中。比起"奇"，或许"数寄"一词的含义更接近于"怪"。

"奇异非常曰怪。"

《论语》将"怪"置于"怪、力、乱、神"的首位，通常为乡绅们所不齿。古往今来，被形容为"怪"者，不计其数。更有像"扬州八怪"一样，整个团队被冠以"怪"之称。

"扬州八怪"，是清代中期（即 18 世纪）活跃在扬州富裕的盐商街的八位画家。因他们在意识上反对正统，所以世人称其为"怪"。

"扬州八怪"通常是指金农、郑燮、李鱓、黄慎、罗聘、李方膺、汪士慎、高翔这八位怪人画家。有时，李方膺、高翔两人也会被换成闵贞、高凤翰。再者，如果不严格地拘泥于"八"这一数字，且不限定在扬州，单单就个性洋溢的画家而言，华岩、高其佩等人也均可位列其中。

"怪"之所以选择云集扬州，大概是由于那一带的资助者众多。这里所说的"资助者"，并不单单是指提供金钱援助之人。于画家而言，那些不惜斥巨资收集名画的大富豪们也同样值得感念。当时的印刷技术尚不发达，鉴赏优秀字画绝非易事。然而在富豪如云的扬州或苏州，汇集着众多名人字画可供鉴赏，画家们亦可从中学习。因此，除实际从事艺术活动的"怪"以外，支持他们从事绘画活动的资助者们也同样可视为"怪"。不过，"数寄"一词中也包含着"不以此为职业"的语义，所以将爱好作为职业并能长此以往坚持下去的人，不应称为"数寄"，而应是"名人"。

在"扬州八怪"这批反正统的画家中，最年长的当数高凤翰，生于公元 1683 年；最年轻的则是罗聘，生于公元 1733 年。虽然他们的年龄差距甚大，但活跃于画坛的时期大致相同，皆为 18 世纪中叶。

康熙、雍正、乾隆统治时期无疑是清朝的黄金时代，从康熙元年（公元 1662 年）至乾隆六十年（公元 1795 年），历经了一百三十多年的盛世。其中，康熙元年为入关后的第二十年，政权的社会性基础尚未稳固。直至康熙二十二年（公元 1683 年），台湾地区才复归清朝版图。平定三藩之乱也不过是在两年以前（公元 1681 年）。因此我认为将这一时期视为清朝盛世的开端更为合适。再者，到了乾隆末年，虽然社会在表面上繁华依旧，但朝堂早已被权臣和珅操控。在独具慧眼之人的心目中，这已折射出了盛世的终结。乾隆四十年（公元 1775 年），和珅擢升为御前侍卫。五年后，其子迎娶乾隆帝最心爱的公主为妻，他在朝堂上愈发专横跋扈。当时，乾隆帝已至古稀之年。

拥有绝对独裁统治权的乾隆皇帝，居然允许朝堂上存在和珅这般专横势力，从中也可窥见其自身势力的日渐衰微。和珅所持资产远远超过国家年收入，那些本应上缴国库的钱财却被他监守自盗，中饱私囊了。乾隆帝任用这类贪赃枉法之人为朝廷命官，实谓识人不清。若时光倒退二十年，即乾隆帝近五十岁时，想必不管是何等野心勃勃之人接近，他都能一眼看穿他们心里的如意算盘吧。迈入古稀之年后，他已渐渐丧失了识人的眼力。

乾隆帝于八十六岁那年退位，可谓为时已晚。至少在乾隆在位的最后十五年中，大清王朝已受皇帝年老体衰之扰，国家活力日渐衰减。因此，清朝的黄金年代应该去除始末的二十年。为行计算之便，可以从康熙二十年（1681 年）平反三藩之乱算起，至乾隆四十五年（1780 年）和珅之子迎娶乾隆帝的公主为止，将这一百年视为清朝真正的盛世，真正的黄金时代。

黄金时代里，人人心想着"我们作为天子的臣民，必有存在价值"，在盛世中品味生活之趣。当然，上帝的宠儿们由衷地欣喜于自己出生在太平盛世。在这样的年代里，"数寄者"也相继涌现。

"扬州八怪"也生于治世之中。不过，他们从事艺术活动的时期早已是黄金时代的末期。虽处于社会和平昌盛时期，但那个历史学家们称为"中衰"的时代却已悄然而至。洞察敏锐之人大概已察觉到：不久的将来会是一片暗影。

畏惧这种不祥预感的艺术家们，心中涌现出了一种"破坏意愿"。这种意愿将他们引入反正统的道路上。一股冲动油然而生，不断动摇着他们的执笔之手——但凡平庸之物，一概鄙夷不屑。虽然他们喜爱世间万物，但骨子里却厌恶寻常、庸俗之物，甚至以之为耻。不过，他们虽心存破坏意愿，但没有足够的勇气付诸实践。不管多么愤世嫉俗，一旦成了破坏者就越过了"数寄"的界限。

2

"扬州八怪"的资助者便是鼎鼎大名的马氏兄弟——马曰琯以及马曰璐。不过，相较于经济援助之感强烈的"资助者"一词，或许用"支持者"一词称呼他们显得更为贴切，毕竟这对马氏兄弟甚至为"扬州八怪"

从事艺术活动提供了合适的舞台。扬州并非天然的"艺术之都"。但作为京杭大运河的起点，这里自古就是繁华都市。因水运发达，天下盐商咸集于此。由于盐是历朝历代官府的专卖品，所以盐商即政商，政商即富豪。

不过，仅凭"富商大贾云集"这一点，扬州根本无法成为"艺术之都"。相反，极有可能沦为一座四处充满铜臭味儿的金钱都市，令人生厌唾弃。

只有令铜臭味儿消失，这座城市才适合成为艺术活动的舞台。因而必须借助博古通今之人的才华才能使铜臭味儿消失。在这对为人称道的马氏兄弟努力下，扬州才得以成为一座令无数艺术家心驰神往的文艺都市。

马曰琯自小住在江苏省江都，即扬州，不过他通常被视为安徽省祁门人。他生于康熙二十七年（1688 年），即日本"数寄者"辈出的元禄元年，卒于乾隆二十年（1755 年），享年 68 岁。曰琯并非是一夜暴富的发迹者，而是一名满腹经纶的风雅之士，其弟曰璐亦是如此。兄弟二人皆以诗文见称，人称"扬州二马"。同皇甫家兄弟四人一样，马氏兄弟二人均是学富五车的谦谦君子，两者难分伯仲。明代《皇甫录》载有"冲、涍、汸、濂"四兄弟，人人文名远扬，被誉为"皇甫四杰"。皇甫四兄弟皆踏入仕途，效力朝堂。有人升官加爵，也有人左迁，他们在官场上尝遍世间百态，体验人生起伏。

不过，马氏兄弟实际上并未步入仕途。据《清史列传》记载，马曰琯曾任"候选知州"。"候选"意指"拥有任职资格，处于待命状态"，"知州"即"州知府"，直隶州的知州官阶属正五品，普通州的知州为从五品。官府盼望着空缺职位能尽快有人补位，而且已经有了候选者，但实际上很多人只想拥有官衔，并无任职之欲。恐怕马曰琯就属于后者。

所谓"捐官"，就是民间人士向政府缴纳巨额的钱财以取得官职爵位。但此官职并无实权，只是个虚衔罢了。即便只是虚衔，地方官员也会自觉低人一等，对其避让三分。所以，大财主们往往会将"候选"官职收入囊中。

马曰琯画像

一般情况下，候选者为了担任实际的官职而必须前往都城北京待命。经过各项测试后，由户部做出评定，再履行上奏、皇帝接见等手续。只是马曰琯一直身处扬州，并未前往京师（北京）等待。再者，像知州这类地方官员的政务相当繁忙，且稍有差池就会受罚。轻则受弹劾、左迁、解雇之罚，重则受牢狱之灾。马曰琯既无衣食之忧，又何必冒如此大的风险入朝为官呢？如果是别无爱好之人就另当别论，可他不但珍爱书画，喜爱山水，还好赋诗作文。他单单只是倾心于所爱之事就已占据了所有时间，哪还有精力为官呢？

尽管如此，世人还是普遍认为读书人必须踏入仕途，对百姓循循诱导，为国家鞠躬尽瘁。即便读书人想要投身他途，也无可奈何，只能暗暗长叹罢了。这些"候选者"明明稍加行动就能获取实权，但却止步于此，安于名义之职。由此看来，他们已具备了"怪"的资格。

马曰琯在扬州的庭园名曰"小玲珑山馆"，其中设有一处"藏书楼"。一听世间存有秘本，他就会不惜重金购入。若得知该书益于世人，就会不惜千金加以刊印，使其流传于世。马曰琯死后，乾隆帝开始主持《四库全书》的编纂工作。不久之后，他谕令盐运使李质颖，"两淮有马氏这般藏书家，好好去搜书。"

《四库全书》编纂工作乃是一项浩大工程：网罗古今天下之典籍，执笔抄写精选之物，再将认定的好书载入目录中并加以注解。马曰琯的"藏书楼"为这项大编纂工程做出了突出贡献，一共进献七百七十六种书籍。

除收藏书籍外，马曰琯还广集字画。当时那个年代，印刷技术尚不成熟，人们无法随心所欲地进行复印。因此即便是被誉为"古今名画"的稀世珍品，也只闻其名难睹"芳容"。只要一听闻哪里有名画收藏家，马曰琯就会不远千里地前去拜访。这才得以使马家藏书楼在那样的年代也藏有万卷典籍字画。不过，小玲珑山馆内最具魅力之事还是要数"怪才"云集。

小玲珑山馆内，四方名士云集。当时，在马氏兄弟的组织下，"邗江

《九日行庵文宴图》（局部）
清代叶芳林绘，此画描绘了马氏兄弟会友雅集的情景

吟社"问世。虽然同种性质的结社遍布全国各地，但相较之下，"邗江吟社"的水准极高。

"邗江"，又名"邗沟"，相传是春秋时期吴国在这一带修筑城墙、挖掘运河而形成，为现今扬州至淮安的河段。扬州是运河的重要门户，往来游客络绎不绝。那些前往扬州的文人墨客们必定会造访小玲珑山馆。不登小玲珑山馆者甚至会遭到世人指责："（你们）愧为文人墨客。"

其弟马曰璐也为"候选知州"。在信奉"官吏至上"的中国，存在很多民间人士无能为力之事，若不借助皇帝的威势，根本做不成大事。即便有人短时间内做成了，也无法一直顺利进展下去，为了使事情进展更为顺利，最好的办法便是同官吏搞好关系。因二马深知"富人不争吵（因为争吵也得不到便宜）"的道理，所以在将扬州打造成"艺术之都"的过程中，他们充分仰仗了地方官吏的配合——至少他们采取了一种仰仗对方配合的姿态。

所幸的是，其间卢见曾担任当地盐运使，他是位名副其实的风雅之士。

当时扬州隶属扬州府江都县。江都县知县的官阶为正七品，大致相当于村主任大小的官员。起初，朝堂会任命进士前往各县担任知县，学习各项为官技能。虽然马氏兄弟空有官衔，但却享受着五品官员的待遇，同他们相比，江都知县的官阶更低。扬州府长官——知府的官阶为从四品。因扬州既是运河的起点，又是盐政中心，所以朝廷直接下派盐运使至此监管。盐运使官居从三品，官阶远远高于扬州当地的知府、知县。当时乾隆帝在编撰《四库全书》之际，直接谕令盐运使前去搜寻扬州马氏的藏书，而非知府知县。

卢见曾，山东德州人，康熙六十年（公元1721年）进士。他虽出身北方，却长时间在江南地区任职，历任安徽知县、江苏知府、江西道员等职。前文中，我曾称他为"风雅之士"，或许会让你觉得他是纤纤孱弱之辈。然而，卢见曾如其传记中所描述的那样并非只是一介文弱书生。他为人耿直，直言不讳；为官严厉，严惩不贷。他于乾隆元年（公元1736年），任扬州盐运使。据说历代盐运使都与当地盐商相互勾结，唯有他严厉督办。因而，其行事作风不免令人生畏，唯恐避之不及。不幸的是，他最终遭到小人恶意诋毁，难逃被贬之命。虽说是"被贬"，也不过是被"贬"去打理军务。数年以后，他又从知州晋升为知府，重返"盐运使"之位。世人对卢见曾给予了高度评价——"身小智大"，这般描述不禁令我想到了邓小平。

卢见曾虽身材矮小，性情却极为豪放，热情好客。据说，他还善于识人——擅长辨识他人是否真正拥有真才实学。他将真正的艺术家悉数招揽至扬州，使他们成为盐运使的座上客。其中那些长时间逗留扬州之人，自然也就成了小玲珑山馆的常客。

3

无论卢见曾的性情多么豪放，曾任朝廷命官的他都不具备称"怪"的资格。相反，尽管马氏兄弟性格沉稳，但布衣终身的他们更适合"怪"之称。清政府认为：全国的高级知识分子都应入朝为官。因为他们在期待野无遗贤的同时，也不想将那些对社会抱有不满的危险分子放任民间。由此，科举制度之外又增设"博学鸿词科"。读书人以"科举及第，成为进士"为目标，而"博学鸿词科"机构则是为使一流文人入朝为官所设。有些大人物放不下脸面同年轻人一起参加科举考试，却有满腹才华，这正是为他们开放的入仕之门。各地长官同样肩负着向朝廷举荐此类人才的重要使命。马曰琯虽被举荐去参加"博学鸿词科"的考试，但他并未动身前往北京，他自始至终都拒绝"入朝为官"。他作为一流文人虽被举荐去参加考试，却未现身考场，足以称之为"怪"吧。

"扬州八怪"之首——金农（号冬心），钱塘（今浙江省杭州市）人。汪士慎，安徽休宁人。黄慎，福建人。高凤翰，山东人。另外，同样可称为"八怪"的华岩，生于福建。高其佩，东北辽宁人。由于此人善用手指作画，原本更应视其为"怪"，但他却是朝堂重臣。既然身居要职，那他自然也就不具备"怪"的资格。"八怪"中的郑燮（号板桥）、李鱓（号复堂）两人也曾入朝为官，但只不过是个小小的知县。若是这种程度的职位，不妨视他们具备"怪人"的资格。他们深知自己的"怪性"，不久便辞了官。

在"扬州八怪"中，金农给人的感觉最接近日语中的"数寄"。乾隆元年，金农也同样被举荐去参加"博学鸿词科"的考试，但他同样未现身考场。他布衣终身，不曾任过一官半职，以洒脱之态终其一生。

若让我对"数寄"一词进行解读的话，我认为日语中所说的"数寄"既不能是皇帝或达官贵人，也不能是超级富豪，否则就会令人心生困惑，对其失落不已。反之，一贫如洗之人也无法成为"数寄"。如前文所述，"数寄"一词中包含"嫌弃平庸，喜欢一流事物"之意。若生活一贫如洗，则无法做到喜欢一流事物。当然，"数寄"也不能指过于专业之人。

从这一意义出发，我认为金农与马氏兄弟二人是清朝黄金时期的典型"数寄"。虽然马氏兄弟与"大富豪"稍微沾了些边儿，但从他给庭园冠以"小"字这一举动来看，可视其为中富豪，具备"怪"的资格。反正当时社会上还存在和珅这个富可敌国的无敌大富豪，相较之下，对扬州马家的富裕程度自然也可睁一只眼闭一只眼。

虽然金农的诗作中不乏抱怨字画滞销的诗，但那不过是短暂的一时抱怨罢了。他的字画实际上十分畅销。或许他自己认为字画应当能卖出更高的价钱，所以才有所抱怨吧。但在世人眼中，他一直都是位"畅销书画家"。

金农还喜欢携友游历山水。其友人，也必是世间一流人物，例如：篆刻的开山鼻祖——丁敬[1]，琴曲名手——庄润郎，精通歌曲者——苏春解，雕砚第一人——朱善龙，这些人均是各行各业的佼佼者。如果说喜欢一流事物是"数寄"的一大必要条件，则金农完全符合。

尽管友人都是各行各业中首屈一指的人才，但既然邀请他们一同出游，邀请者金农也就理应支付交通费、餐费及住宿费等一切费用。从此事中便可得知：金农虽不是大富豪，但也不是清贫之人。年过半百，他才开始学画。虽然他的画作极为畅销，但都是晚年之作，所以他更像是业余画家。可见，金农越来越符合"数寄"的形象了。

"怪"之所以为"怪"，其根本在于当社会中的一切事物都一成不变，生活极其枯燥无味之时，他们却被一股冲动驱使着——（我）想动摇这种

---

[1] 丁敬（公元 1695 年—公元 1765 年）：清代书画家、篆刻家，为"浙派篆刻"的创始人，"西泠八家"之首，主要作品《武林金石记》《砚林诗集》《砚林印存》等。

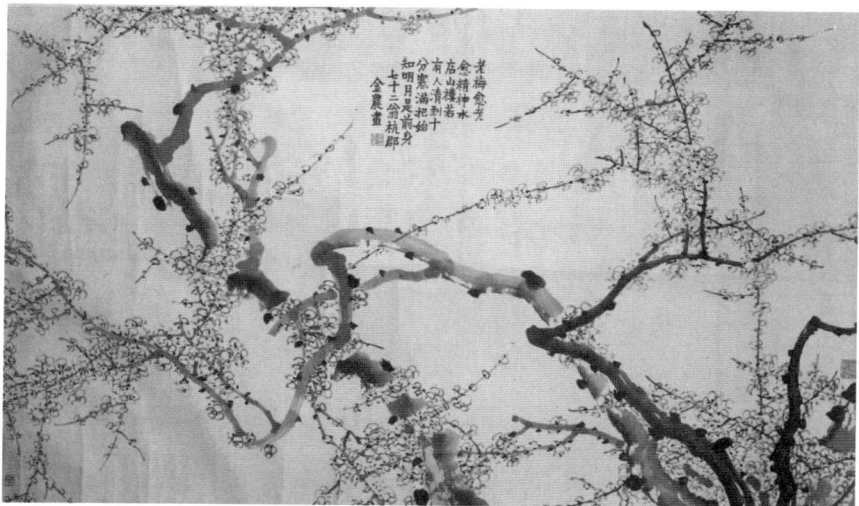

金农画作

状态，改变这种模式。从这一意义来看，"怪"往往出现在持续的太平盛世后。

在中国，以金农为首的多数"怪人"都意图通过复古来打破平庸及乏味的正统。无论是金农的画，还是鼻祖王羲之（公元303年—公元361年）的书法，一旦变为流于形式的浮躁、乏味之物，他们就根本不是在意图创作新事物、改变固化模式了。这些人甚至学习三国时期吴国的禅国山碑、天发神谶碑的书体来打破正统。

"怪"，必须"标新立异"。中国的"怪"却自始至终都扎根于"古"。这一点，总令我深感中国的"怪"存有一丝美中不足。

4

在太平盛世末年，往往会诞生一批"怪"，打破治世的死气沉沉，还有形式主义。不过，"怪"并非只出现在那一时期。相反在治世初期，即乱世末年，也常常涌现"怪"。

乱世结束后，人们意图开创太平盛世。但是，他们已习惯了烽火硝烟的乱世，不知太平为何物，因而困顿不已。

"太平如斯"——为世人描绘出治世之貌者也当属"怪"。同样是在乱世末年，太平初期（江户时代初期），日本"数寄"辈出。

千利休[1]、本阿弥光悦[2] 等人就生于那个时代。在列举日本"数寄"之时，我认为同一年代的小堀远州之名万不可遗漏。"数寄"一词本就含有"茶道"之意，而小堀远州本人就是茶人（精通茶道之人）。所以，将他纳入"数寄"之列实属理所当然之事。另外，该词还暗含一定程度的"风流"之意，远州恰恰又是风花雪月之人。

战乱使世间变为一片废墟。和平到来之时，首要任务就是从战争的废墟中复兴万物。因此在太平初期，小堀远州在园林建造上大显身手。

与上文列举的诸位活跃于清朝盛世末年的"怪"者相对，我接下来将介绍几位清朝初年的"怪"。同时，也会进一步选取同小堀远州有关，同园林建造相关的"怪"者加以论述。

李渔，号笠翁，原籍浙江，于江苏长大。较"李渔"之名，或许世人更熟知"笠翁"二字。他生于明朝万历三十九年（公元 1611 年），因而目睹了明王朝的土崩瓦解，卒年不详，推测而得的大致时间约为康熙二十年（公元 1681 年）。由于他卒于清朝黄金时代开始之际，所以我认为可称他为"太平前夜之人"。

李渔终身不曾入仕为官，所以具备"怪"的资格。只是，他并非不屑为官，而是在科举中名落孙山，无缘仕途。从这里，也可窥知此人之"怪气"。

李笠翁是位多才多艺的能人，涉足领域虽广，但在任何领域都成了

---

[1] 千利休（公元 1522 年—公元 1591 年）：日本茶道创始人和集大成者。

[2] 本阿弥光悦（公元 1558 年—公元 1637 年）：艺术家、书法家，书道光悦流的始祖。

佼佼者。他生平创作了大量为人传颂的喜剧。此外，他还是位才华横溢的艺人兼色情小说高手。不过，当时的色情小说创作者通常都会隐姓埋名，所以世人一般不知其真身。但《肉蒲团》这部有名的色情小说却一般认为是出自李渔之手。他笔耕不辍，还创作了大量短篇小说，如《十二楼》；创作诗文集《笠翁一家言全集》等。在了解他的这般阅历以后，我觉得此人越来越"怪"。李渔还曾为《芥子园画传》作序，是社会公认的正派人物，因而在日本画家中亦声名鹊起。建于南京的王氏别墅——芥子园，正是李渔执笔设计之作。不过，如今仅有遗迹残存于世，该建筑原本的面貌究竟为何，我们已无从知晓。在园林建造方面，他的作品未能留存于世，因而不可妄加评价。不过在他的文章中，随处可见其造园思想。

江南园林，以石为贵。但因山石性质干枯，所以园林中所用之石须为水石。据说，即便将沉睡太湖湖底数万年的石头置于地面之上，石头本身也会保有润泽。但是在那个机械尚不发达的年代里，从水中打捞巨石无疑需耗费大量劳力。北宋徽宗皇帝当属酷爱水石的第一人，因此他在位期间，民不聊生，国家实力日渐式微。

李渔将盛行于世的"无石不庭园"这一说法视为偏见。当时，为了使庭园富有变化，园内必修筑假山，而江南名园中皆采用太湖石筑山。于是，李渔提出了一大改进方法——"以土代石"。他在《笠翁一家言全集》里主张道："以土代石之法既可减人工，省物力，还便于植树。"

同时代的造园家——张南垣也采用了以土筑山，用石加以点缀的造园方法。那究竟是怎样的园林呢？由于未留存至今，我们也无法妄下断言。所幸的是，吴梅村[1]在《张南垣传》一书中描述道："其石脉之所奔注，伏而起，突而怒，为狮蹲，为兽攫，口鼻含呀，牙错距跃，决林莽，犯轩楹而不去，若似乎处大山之麓，截溪断谷，私此数石者为吾有也……"读着

---

[1] 吴梅村（公元1609年—公元1672年）：本名吴伟业，号梅村，明末清初著名诗人。

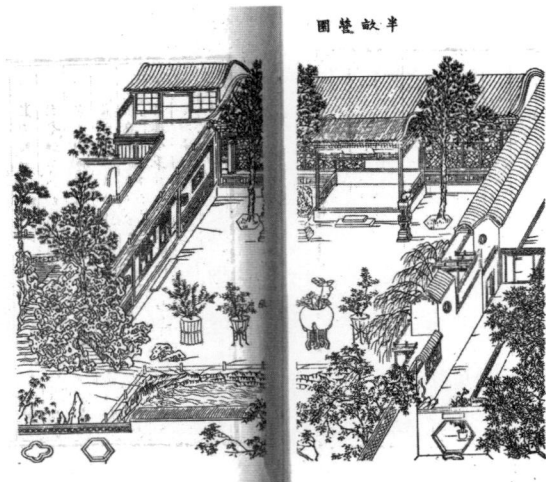

半亩园
清代麟庆所著《鸿雪因缘图记》中的半亩园图，并非李渔所修的半亩园。麟庆年轻时仰慕李渔，并听说其曾参与修建半亩园，因此十分向往。机缘巧合之下，三十多年后道光年间，麟庆购得此园，精心修葺，并感慨"因缘天成，何其幸也"

读着，我不由得产生了一股强烈的欲望——真想一睹此园林之真容，哪怕一次也好。

　　清朝初年，全国各地大兴重振荒废园林的运动。李渔当时在京指导造园工程，而活跃于江南地区的正是这位张南垣。在北京紫禁城外东北的弓弦胡同内，李渔为兵部尚书贾汉复修建了一座园林——半亩园。同时他还为自己修建了一幢别墅——伊园。遗憾的是，两者均未留存至今。

5

　　小堀远州，茶人兼造园家。清代中国的造园家大都工书善画。当然，这种现象并不仅仅限于清朝，历朝历代均有出现。明代米万钟（公元1570年—公元1628年）在京修建"漫园""勺园"等名园。元代倪瓒（公元 1301 年—公元 1374 年）在苏州设计"狮子林"。石涛（公元 1642 年—约公元 1707 年）于清代初年在扬州修建了"万石园"。

无论是"数寄"还是"怪"，他们都酷爱书画、酷爱山水。但这并不是表示，他们除此之外别无其他留恋之物，比如"食物"也备受"数寄"钟爱。

最后，来讲述一枚吃货——讲究吃喝的"怪"。想必人们都热爱美食。但菜肴比园林更难以传于后世。我曾有幸品尝过北大路鲁山人[1]始创的料理，但总觉味道怪异。明明鲁山人才离世不久，料理味道却已是这般情形。一些年代更为久远的料理虽以某种形式留存于世，但后世之人早已忘了创始者姓甚名谁。当然，因时代地域不同，食物原料也会有所差异。因此，很难将"食"记录下来。想必与谢野晶子[2]本人是深知其中困难，才谆谆教导自己的弟子在诗歌中尽量避免吟咏味觉吧。

虽然难以将"食"做成诗歌加以吟咏，但可以把它记录在散文中。想必顶级吃货能将自己品尝到的美食的制成方法及其中的注意事项等，都详尽地记述于文章中吧。

袁枚（公元 1716 年—公元 1797 年）便是其中一人，但至于把他并入"数寄"（"怪"）之列，还是不免令人心生迟疑。因为成为"怪"的先决条件之一就是非达官显贵。然而袁枚是浙江钱塘（今浙江省杭州市）人，二十四岁进士及第。他因科举成绩名列前茅，而被授予"翰林院庶吉士"。他在翰林院积累学识后，外派成为江苏一个小县的知县。不过，知县属下级官吏，与达官显贵有着云泥之别。在"扬州八怪"中，郑板桥、李鱓二人也曾担任过知县。袁枚在南京任职期间，曾购置了一幢废弃的宅邸。虽说是荒园，但在现代人看来，买得起大宅院之人势必令人刮目相看。不

---

[1] 北大路鲁山人（公元 1883 年—公元 1959 年）：本名房次郎，拥有烹调师、美食家、篆刻家、画家、陶匠、书法家等多重身份。

[2] 与谢野晶子（公元 1878 年—公元 1942 年）：日本古典诗人、作家、教育家，代表作《乱发》《太阳和蔷薇》《从夏到秋》等。

过，当时社会有当时社会的情况，我们不可一概而论。

这幢宅邸原为江宁织造隋氏的别墅，年久失修，变为一座荒园。购得此园后，袁枚将其取名为"随园"。"随"曾是地名，隋文帝受封于此。夺取江山后，将"随"（地名）改为"隋"（朝代）。"随"这一汉字结构中含有"辶"（走字底）。因"走"字表示"快速跑开"之意，像是预示着"短命王朝"一般，所以在为新王朝取名之时，统治者特意去掉了"辶"（走字底），变为"隋"字。以此地名为姓氏的"随氏"，亦变为"隋氏"，这与文字变迁的历史相契合。

当地人就称隋氏的别墅为"随园"。袁氏入手该园后，本应冠以自己的姓氏，改名为"袁园"，但他为了向沿用至今的园名致以敬意，依然称其为"随园"。因为此园建于南京城西面的小仓山一带，所以有时也将园内建筑称为"小仓山房"。

当时，袁枚以三百金购得此幢别墅。随后，他赴陕西省任职，但由于看不惯上司总督的做派，他任官不久后便断然辞官。自那以后，他就一直寓居随园，执笔度日。

袁枚还是芝麻小官时，就毅然决然地选择离开了朝堂。不过那时，他已经是位家喻户晓的"天才型文人"。

古文中存在"润笔"一词，相当于现代汉语中的"稿酬"。中国自古以来就有厚葬的风俗。不管支付多么昂贵的酬劳，请世间一流文人为先父撰写墓志铭之举乃是尽最大的孝道。袁枚正是当时的一流文人。一篇长度中等的墓志铭的润笔费约为一万两银子，相当于一介小小知县数年的俸禄。若有心为之，一日之内撰写数篇墓志铭全然不在话下。由此，袁枚的富裕程度可想而知。凭借丰厚的润笔费，他得以在四十几岁时辞官回乡，悠然度日。

在诗歌方面，他极力主张"性灵说"，即肯定一切合乎人之性情的事物，否定一切不合性情的事物。他反对盛行于当时社会的"肌理说""格调说"等。所谓"性灵说"，归根结底就是倡导尽情地享受人生。这正是

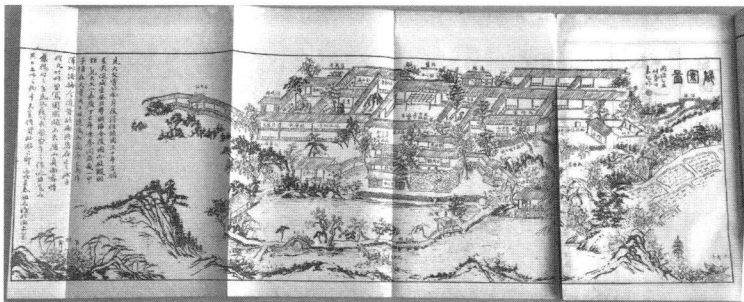

《随园图》
清代袁起绘

"数寄"之精神，将其付诸实践之人则为"怪"。

在悠闲自得的生活中，袁枚尤其重视饮食生活。平日里，他四处寻访美食，一吃到可口的食物，就会一丝不苟地将其记录在册。这便成了《随园食单》，该书在日本也备受推崇，流传着由青木正儿[1]等人翻译的数个译本。

袁枚在《遣怀杂诗》中，写有一段关于吃喝的论述，述其大意——年轻时，不管吃多少都吃得下；一旦上了年纪，吃过便觉饱腹，日子没劲！他可真是位彻头彻尾的享乐主义者。

中国有"行乐须及时"，意为"应趁着年轻，尽情玩乐"。

日本有"人生苦短，恋爱吧，少女[2]"。

袁枚的这般想法果然还是同"数寄"的想法相通。虽然他表面看起来不像"扬州八怪"那般不落窠臼，但他确实是位实打实的大"怪"。另外，他生于康熙五十五年（公元 1716 年），卒于嘉庆三年（公元 1798 年），享年八十二岁，与"扬州八怪"属同时代人。

---

[1] 青木正儿（公元 1887 年—公元 1964 年）：文学博士，日本著名汉学家。

[2] 此句歌词出自《凤尾歌之船》，是一首经典的日文歌曲，发行于大正四年（公元 1915 年）。由吉井勇填词，山中晋平谱曲。

兒那必巇貧賤一朝別字豪貴家三日悲啼淚 學詩禮金璟為聘結婚姻十餘年來人事變富 王家有女字秀文少小緯約蘭蕙芬項郎名族 金璟曲 洪昇 七言古詩 柏祖如亭 神谷讝迀齋 鈔錄 載閱 崔土 隨圍詩話卷二

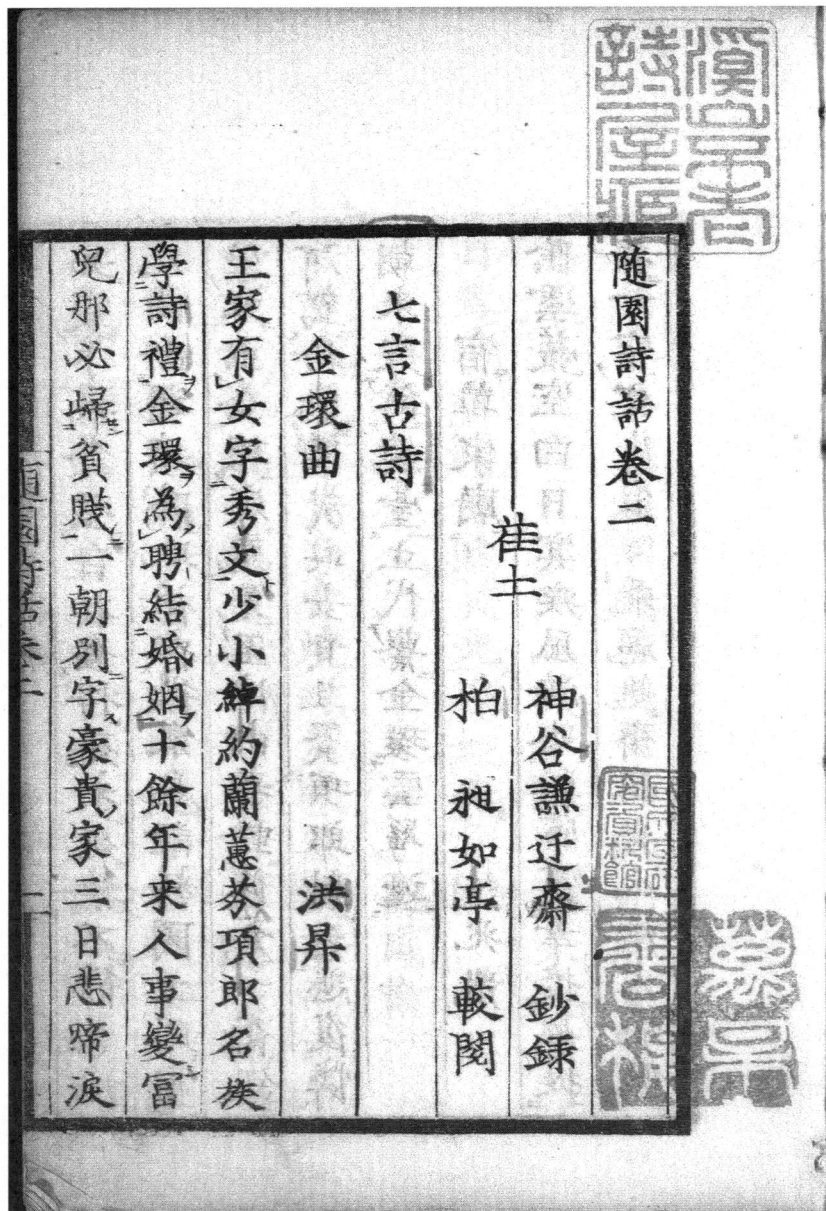

《随园诗话》（部分）
清·袁枚

1

1972 年 4 月，山东省博物馆与临沂文物组于银雀山发掘两座古墓，出土了包含《孙子兵法》《孙膑兵法》等在内的大量竹简及残简。日本各大报纸上频现"竟存在两名孙子"这一标题，竞相对此事件进行报道。

不过，不管加上多大的感叹号，这都称不上是惊天大发现。因为世人皆知中国历史上曾存在两名孙子。在《史记·孙子吴起列传》中，司马迁先为吴王阖庐的客卿——齐人兵法家孙武立传，其后曰："孙武既死，后百余岁有孙膑。"接着又为另一名孙子，即孙膑立传。"子"字的含义相当于英语中的"Mr."，就如世人尊称"孔丘"为"孔子"，尊称"庄周"为"庄子"一样，他们也尊称这两名孙姓兵法家为"孙子"。《史记》对孙膑的记述为孙武的两倍，且在两篇传记中均称孙武、孙膑为"孙子"。因此，无论是多么迷糊的读者都知道"存在两名孙子"。

"膑亦孙武之后世子孙也。"从此番记述中我们可知：孙膑乃是孙武的后人。但由于二人生活的时代相隔百余年，所以当时社会也无法证实孙膑自称是孙武后裔一事。

"膑"乃古代的一种刑罚，即砍断罪犯双足或砍去其膝盖骨致使双脚

103

无用的酷刑。事实上，孙膑因受魏国的同门兵法家——庞涓的陷害而惨遭"膑刑"，故得此名。随后，孙膑投奔齐国，大败庞涓率领的魏军，逼得庞涓自刎而死，久积心中的怨恨也得以消除。

历史上的确存在两名兵法家"孙子"，这是毋庸置疑的。但是，盛行于世的兵法书《孙子》却仅有一个版本，即《吴孙子兵法》。曹操注解的正是这一版本。

《汉书·艺文志》中一并记载了《吴孙子兵法》与《齐孙子兵法》。因此至少到后汉时期，这两大兵法书是并行于世的。但不知何时起，《齐孙子兵法》失传，唯有《吴孙子兵法》流传于世。对此，众说纷纭：既有人主张"武膑合一说"（即主张孙武、孙膑为同一人的学说），也有人认为齐孙子不过是修订了吴孙子的兵法书，因而《孙子兵法》只有一本。不过，持后者观点的人终究只是少数，世间的定说依然还是后一位孙子（即孙膑）的著作失传了。不过，自临沂银雀山的古墓中出土了两种竹简本兵法书以来，这类观点也自然而然消失了。

失传千年的《孙膑兵法》就这样得以重见天日。虽然与《史记》记载的史实有所出入，但单纯从兵法的角度来看，数百年后的齐孙子"孙膑"相较于先人吴孙子"孙武"，还是稍逊一筹。世人尊之为"鼻祖"的吴孙子，早在齐孙子的百余年前，就详尽地描绘了兵法相关的梗概。仅此一点，齐孙子就吃了大亏。虽然齐孙子尽力想要补全《吴孙子兵法》中所遗漏的兵法要点，但这绝非易事。数百年前的《吴孙子兵法》成为难以逾越的"高墙"，横亘在了后世的齐孙子面前。

曹操所生活的年代里，恐怕世间还流传着两种兵法书，但唯有《吴孙子兵法》引起了他的注解之兴。若对北京文物出版社出版的《银雀山汉墓竹简：孙膑兵法》释文与注释仔细研读一番，大致就能领会曹操（为何只注解《吴孙子兵法》）的心情。

不过，出土的竹简中以残简碎片居多，仅凭能够辨识的内容就对《孙膑兵法》评头论足的话，未免有失公允。

104

《孙膑兵法》中最引人注目的便是作者频繁强调"道"。那么，何谓知"道"？

孙膑认为："知道者，上知天之道，下知地之理，内得其民之心，外知敌之情。"简言之，无所不知无所不晓。只有知晓万事万物者，才是"王者之将"。但是，既然生而为人，就不可能知晓一切。他只有从才能卓然之人处获得各种建议，才能掌握更多信息，更好地了解大千世界。他所获信息越多，就越能做到"安万乘国，全万乘之民命"。因此，他主张为政者应当在信息搜集方面大下功夫。

他还认为："众者胜乎？则投算而战耳。富者胜乎？则量粟而战耳……"即便兵力众多，即便国强民富，战争中也未必一定能够取胜。反之，即使国家弱小，即使兵力不足，也未必一定会输。那么，决定胜败安危的关键到底为何？

"道也。"

孙膑主张知天、知地、知内、知外便是道。然而在出土的竹简本中，他并未具体提出获知"道"的方法。世人之所以认为孙武所著的《孙子兵法》比数百年后的《孙膑兵法》更胜一筹，正是因为孙武的笔端触及了具体的方法论。

《吴孙子兵法》中，孙武提出著名军事思想——"知己知彼，百战不殆"，来阐述"知晓"的重要性。文中不仅随处可见对"知晓方法"的论述，他还将"用间篇"记为兵法十三篇的最后一篇，文章布局之巧妙令人称赞。

"间"的异体字为"閒"，门内有月光射入——能有月光倾泻而入，无非是因为存在缝隙。该字由"缝隙"之意派生而来，同时人们也经常使用"从缝隙中窥视"的含义。"从缝隙中窥视"，不是正大光明的行为，而是含有偷偷窥视的语感。

孙武将兵法论分为十三篇，在第一篇和最后一篇中论述了"间谍使用"问题。

2

在《孙子兵法·用间篇》中，孙武首先对战争的花销问题展开了以下一番论述：

> 凡兴师十万，出征千里，百姓之费，公家之奉，日费千金；内外骚动，怠于道路，不得操事者，七十万家。

正因为打仗要付出这般惨痛的代价，所以即便用尽一切手段，也非赢不可。

> 而爱爵禄百金，不知敌之情者，不仁之至也，非人之将也，非主之佐也，非胜之主也。

那些因吝惜酬金而不重用间谍去刺探敌军情报之人，不是眷顾苍生的仁义之徒，不是军队的好将帅，也不具备辅佐君王的资格，这样的人永远打不了胜仗。因此，不重用"间谍"之举为"不道德"之举。

> 先知者，不可取于鬼神，不可象于事，不可验于度，必取于人，知敌之情者也。

在此，孙武论述了"知多则胜"的道理，但他特别强调不能通过迷信鬼神的方法加以实现。并且他也不推崇"象于事"，即类推的方法；"验于度"，即"依赖统计"之意。神灵、过去的经验、统计等均靠不住，唯一能依靠的只有直接从敌人处获取的敌情报告。

孙武提出了著名的"五间论"，即把间谍分为五类：

①因间，即利用敌国乡里的普通人做间谍。为获悉敌情，最好的办法便是对敌国的居民下手。

②内间，即收买敌国的官吏做间谍。引诱敌国中那些贪图钱财的官吏做间谍。

③反间，即策反敌方派来的间谍为敌国做间谍。除了利诱之外，还包含让敌国派来的间谍获取虚假情报，并为我所用，为我方效劳。

④死间，此类情况较为复杂，需要蒙骗我方间谍散播虚假消息给敌方。一般将忠心度不高的间谍用作"死间"。

"死间者，为诳事于外，令吾间知之，而传于敌间也。"从孙武的叙述中，我们大致可推知，自古以来就存在"双重间谍"。举例而言，我方存在 A、B 两条政治路线，并假装决定执行 A 路线，于是双重间谍就会将此路线告知敌方。敌方就会针对 A 线路采取一定的对策，但实际我方实行的却是 B 路线，敌方往往因此上当。事后，该间谍就因传播虚假信息而被处死。为除掉间谍而派其去敌方阵营，故称其为"死间"。

⑤生间，即指派往敌方侦查的间谍。此人不管遇到任何情况都应活着回来汇报敌情。

若能同时使用五种间谍，是谓"神纪"（神妙的纪纲），是国君制胜的法宝。

孙武主张"间谍至上论"——"故三军之事，莫亲于间，赏莫厚于间，事莫密于间。"但是，并非所有人都能使用间谍。

非圣智不能用间，非仁义不能使间，非微妙不能得间之实。

即唯有聪明仁义、小心谨慎之人才能使用间谍。

以上为孙武所著的《孙子兵法·用间篇》的内容。我之所以大篇幅地引用原文，是因为该书在两千多年的历史洪流中，经久不衰，备受国人推崇。一旦提及"间谍"二字，中国人定会条件反射般地想到这篇名作——《孙子兵法·用间篇》，然后从中汲取养分，开始讲述"间谍"的相关内容。

在《说文解字》中，"谍"字的释义为"军中反间也。"但这里的"反间"并不一定是指孙武所言的第③种类型的间谍——反间。我认为《经典释文》[1]中的"谍"字释义更为贴切——"谍，间也。"即"谍"与"间"同义。

那么，究竟是从何时起，人们开始将"间""谍"二字结合起来使用呢？

《淮南子·兵略训》在解释"知权"时，写道："善用间谍，审错规虑……"即便这不是"间谍"一词最早的用法，但也处于初期。因《淮南子》一书是由盛行于西汉当世的各类书籍汇编而成，所以实际上该词出现的年代更为久远。

司马迁曾在《史记·廉颇蔺相如传》提及李牧时，使用了"间谍"一词。因善用间谍，李牧在沙场上战绩赫然，立功无数，但最终却遭敌国间谍陷害，死于非命。

李牧（？—公元前229年），赵国将军，长年固守北部边境——代地雁门郡，防备匈奴。司马迁曾大赞他为"良将"。他在战争中采用的战术是"警惕烽火，多用间谍"。前线哨兵一旦发觉匈奴意图入侵，就会立即燃起烽火，通知防御总部。不过，因烽火的传递方式为接力式传递，所以烽火台上的哨兵一旦打盹儿或消极怠工的话，消息就会中断。为避免此类情况的发生，将士们必须提高警惕。再者，刺探敌人是否有意进攻之人便是间谍。李牧会事先增派间谍前往敌方刺探消息。如此一来，一旦匈奴犯境，他定能首先得知。但是，他决不出兵迎战。因为他深知：匈奴进攻的目的无非是为了掠夺牛羊等家畜。所以一旦获知匈奴来袭，他就会下令将家畜们赶往城内，紧闭城门，并且下达严令——

---

[1]《经典释文》：唐代陆德明所著，考证了儒家经典文学中的古音与词义。

"胆敢前去捕捉敌人者，斩！"

匈奴军好不容易攻入赵国牧区，却捕获不到任何家畜，只得空手而归。于是，匈奴人认定李牧不善攻城战。

"懦夫！"

在撤退之时，他们因毫无收获而怒火填膺，不由得破口大骂。不过，不单单是敌人，就连自家将士中，也有不少人觉得"我们主将胆小怯战。"

"李牧怯战"的流言传入了赵王耳中。于是赵王下令将他召回，派别人去接任他的职务。匈奴每每进犯，新任主将必定出兵迎战，胜负无常。频繁交战带来的人员伤亡自不必说，边境地区无法畜牧、耕作，经济损失日益惨重。

"非采用李牧的做法不可啊。"赵王这般醒悟后，想命李牧官复原职，带兵出征。但李牧坚持称病，闭门不出。吃了闭门羹之后的赵王异常认真起来，一再强行下令，命他上任。

"若大王非要用我的话，我将继续采用先前的战术。若大王您能答应，臣便受命。"赵王应允，李牧上任。虽然《史记》轻描淡写地带过了上文的记述，但我认为李牧在官复原职之际，还使出了另一大招数。李牧毅然推脱大王的请求，世人定会对此议论纷纷。在当时那个利欲熏心的年代里，人人渴望出人头地，入朝为官，因而拒绝宦途之士实属罕见，其名声定会传遍大江南北。同时，他受命出任的条件也必定广为传颂。所谓"广"，即意味着此事必定也传入了匈奴人之耳。

"哎呀，这又要回到李牧的蜗牛战术了。没劲！"

恐怕匈奴人会这般交头接耳地议论吧。"打仗""掠夺"二事就是匈奴人的生存价值。所以，李牧的战术丝毫不合他们的心意。

几年内，赵军日复一日地持续着李牧的蜗牛战术，将士们也深感厌倦了。驻守边境的将士不但享有特殊津贴，且军粮充沛，因此个个精力旺盛，不满于无所事事的生活现状。于是，他们抱怨道：

"将军，日子若是天天如此的话，简直无聊透了！跟死人没两样。"

"那……想大干一场吗？"

恐怕李牧一直都在翘首盼望这一天的到来吧。为了引诱匈奴军，他精选了一千三百辆战车，一万三千匹战马，动员了五万精兵及十万弓箭手进行作战演习。同时，令牧民们大规模地放牧，牛羊、牧民遍布山野。

"赵军正在演习。因自家士兵在草原上，所以百姓们都能安心地放牧。这可是千载难逢的好机会啊！"匈奴人这般盘算着。

李牧看上去是在动员大部队进行演习，但一见匈奴的骑兵部队，定会一如既往地逃入城内，闭门不出。虽然士兵们骑上战马逃得快，但牛羊则难逃虎口。看来，匈奴人这回的战利品极为可观啊！

前来进犯的匈奴部队并不多。李牧也依旧像往常一样撤兵，但此次特意在草原上留下了数千名士兵，令他们装成是没能成功逃脱的士兵，无非是为了迎战。不过，进攻的匈奴军人数恐怕比假装未能逃脱的赵军人数更少。

"（赵军）就只知道逃。现在是时候将他们一举歼灭了。若稍增援兵的话，拿下他们简直易如反掌。"

匈奴军请求增援。近年来，匈奴首领——头曼单于，即冒顿单于之父，苦于无用武之地，一直没机会同赵军交手。于是，他暗暗盘算着：即便只是数千赵军，只要将他们的军队冲散，将士兵一举杀光的话，亦能重振威望，增强自己的领导力。

匈奴的领土与燕、赵、秦三国接壤。为抵御匈奴入侵，燕国高筑长城，赵国则采取蜗牛战术。随着秦国国力增强，匈奴已无法与其抗衡。因此，头曼单于想借攻打赵军一举成名。不过，用间高人——李牧恐怕早已把匈奴首领的这番心思看得一清二楚。

召集齐所有兵马后，单于所率部队便气势汹汹地向赵国国境进发。他料定胆小鬼李牧一定不敢出来迎战。只要击败留在草原上的数千名赵军，就能振匈奴之雄风，固单于之地位。单于一心只想着如何取胜，根本没有考虑过战败之事。

不幸的是，李牧早已布下了千军万马等待单于上钩。他多年未同匈奴军交手，苦苦等待数年，为的就是这一天。他下令严处同匈奴交战的士兵，还那般顶撞国君，为的也是这一天。因此，这一天的排兵布阵毫无纰漏，以万无一失的阵容迎战匈奴。

朝着这数千名赵军诱饵，匈奴军纷至沓来。他们做梦都没料到赵军早已布下了天罗地网。在李牧任将军一职的漫长岁月中，赵军一次也不曾迎击匈奴。因此，匈奴军甚至都没有派出侦察兵前去打探敌情。他们断定，"赵军又会逃入城墙内。"

可惜，匈奴军彻底中了计。他们一心只想着围困数千名赵军，怎料千军万马从左右两翼包抄反击，最终将他们死死围住。十多万匈奴军战死沙场，幸存者落荒而逃，吃了场彻彻底底的败仗！赵军乘胜追击，击溃各地的匈奴支队据点，收降襜褴、东胡、林胡等部落。此后十余年，匈奴都不敢犯境。

3

"用间奇才"李牧决非仅凭推测就预设"匈奴断定赵军不会出击迎战"，并以此为前提制订计划。他作为一国主将，定研读过孙武的兵法书，所以一定深知孙武所传授的"不可象于事"之道理，即不可依赖推测——敌人认定我方过去如此。

李牧曾往匈奴派送了形形色色的间谍，想必对敌国内情了如指掌。说不定他还将心腹间谍安在了单于身边呢。该间谍甚至还可能在一旁煽风点火："大王，现在正是将赵军一举拿下的绝佳时机！这也是为您好啊！"作为一名出色的兵法家，李牧必定忠实于"必取于人"的兵家原则。

可惜的是，这般军事奇才最终轻而易举地被敌国间谍陷害，命丧黄泉，着实令人哀伤惋惜。或许因为间谍所用策略过于低级，深谋远虑的李牧一时间未能缓过神来吧。

大败匈奴后，时值赵悼襄王元年。赵王以李牧为将，伐燕，取武遂（今河北省徐水县遂城镇）、方城（今河北省固安县方城村）。此后，李牧率领赵军与强敌秦国交战，使秦国大将桓齮败走河北宜安。公元前232年，秦国攻打赵国番吾之际，李牧再次大破秦军。

秦国视李牧为"眼中钉"，只要他不在，就能轻而易举拿下赵国。因此，秦国想方设法除掉李牧。当时，秦国有李斯——一位为达目的不择手段的凶残之辈。

《史记·李斯列传》记载："……阴遣谋士赍持金玉以游说诸侯，诸侯名士可下以财者，厚遗结之；不肯者，利剑刺之。离其君臣之计，秦王乃使其良将随其后。"

自己于秦国而言是怎样的存在，想必李牧心知肚明。他通过派人暗中打探，也掌握了李斯是何等人物。他深知自己的处境岌岌可危，这位善用间谍的高人最终还是被打倒了。其原因可能是善用间谍、善于进攻之人弱于防守。

赵王身边有位宠臣，名叫郭开，是位见钱眼开的小人。秦国的间谍相中了他，不惜掷重金收买，让他在赵王状告："李牧意图谋反！"

昏聩的赵王听信谗言后，派人接替李牧的大将军一职，但是李牧不从。他深知：若现在离职，赵国就会成为刀俎鱼肉，任秦国将军王翦宰割。然而赵王却以他违抗王命为由，派人缉拿并处死了他。是年正值公元前229年。三个月后，王翦攻赵，于次年俘赵王。最终赵国灭。

乱世中的间谍是军事特务，除搜集情报外，还要乱敌阵脚。治世中的间谍则是权力者的工具，为确保自己的地位而派去侦查反动派动向。当然，皇权至上。对皇帝而言，最忌惮的便是将军、宰相等权臣成为的反动派，所以会不断地派人打探他们的动向。我在前文论述中一直使用"反动派"一词，但这一表达并不准确，更贴近史实的表达应为"潜在的反动派"。因为谋反之人会立马被诛杀，所以在形式上不存在反动派。因此，只有那些潜在的反动派才能存于世间。

除宫廷政变之外，皇帝及心腹大臣们还畏惧百姓起义。为了避免发生起义，中央还派间谍深入民间，探访世间是否存在对朝堂心怀不满的不逞之徒。

越是独裁专制的统治，就越需要这类间谍。对久居深宫之人而言，他们只信得过间谍汇报的消息。一旦深得信任，那么间谍集团"背后的权力"就会随之增强，渐渐掌握生杀予夺的大权，其特务性组织的色彩也日趋浓厚。这好比日本德川时代的隐密[1]、御庭番[2]等职位的人，虽然他们表面上的地位并不高，但是他们的汇报内容有时甚至能够左右一个藩国的命运。

4

中国历代王朝都实行中央集权制。其中，明朝的皇权最为集中。虽然历朝历代对宰相的称呼有所差异，如存在丞相、相国、司徒、大学士等不同名称，但朝堂之上的的确确设有宰相一职。但进入明朝后，初代皇帝朱元璋以"丞相胡惟庸犯下大逆罪"为由，废除了丞相制，但这似乎是个莫须有的罪名。事实的真相恐怕是朱元璋为了铲除觊觎新王朝的权臣们，而令他们因丞相大逆罪被连坐吧。

丞相的权力一人之下，万人之上，对皇权构成极大威胁。因丞相的办公场所——中书省被废除，所以其下属机关——六部（吏、户、礼、兵、刑、工）就直接对皇帝负责，由皇帝亲自处理政务。在这般高度集权的专

---

[1] 隐密：日本江户时代，奉将军等人之命，刺探领主情况、社会动静的身份卑微的武士，始于日本南北朝时代。

[2] 御庭番：日本江户幕府的职务之一，是清扫里院和将军散步时的护卫，也向将军提供诸藩国的情报。

制统治下，随之产生的便是黑暗的"影子组织"。在宦官操控下，明王朝的统治日益黑暗。

明太祖朱元璋害怕宦官乱政，所以严格控制宦官人数且规定他们不得接受教育。或许他认为如果宦官目不识丁，就难以干预政治吧。但事实证明，他错了！魏忠贤这位目不识丁的怪物宦官就搅动了庙堂风云。

朱元璋之所以坚决废除丞相制，其本意是为了将丞相之务交由皇太子处理，为将来继承皇位而事先做做准备。但讽刺的是，皇太子先皇帝一步去世了。晚年，朱元璋因皇位继承人的问题苦恼不已——是将皇位传给已故皇太子的嫡长子（即皇太孙）呢？还是从在世的皇子中挑选皇位继承人呢？若是从皇子中挑选的话，大概就是无可挑剔的四皇子燕王吧。他作为北方总督，在自己的岗位上不遗余力地发挥才能。但是朱元璋最终继立皇太孙，即明朝第二位皇帝建文帝。

建文帝即位不久，便猜忌北方的燕王，却又不得不忌惮他的势力。叔侄之间自然而然就展开了一场权力之争。显而易见的是，燕王的战斗力更为强大。他不但长年驻守北方，常常处于临战状态，且麾下拥有英勇善战的蒙古铁骑兵团。于是，燕王长驱直入，攻陷南京，篡夺皇位，号永乐。

永乐帝朱棣同父亲一样，生性多疑。正所谓"成王败寇"，当时若篡位成功则成王，一旦失败就会沦为大逆不道的反贼。朱棣攻入首都南京，顺利篡夺侄子朱允炆的皇位，但他必须时刻警惕建文帝的拥护者。即位后，他展开大规模的敌党肃清运动，但仍无法高枕无忧。

攻陷南京后，建文帝不知所踪，亦找不到其尸首。永乐帝使尽一切办法，派人四下打探建文帝的下落。据说，他下令郑和（约公元1371年—约公元1434年）率大舰队航行至阿拉伯一带也是因世间流言"建文帝亡命海外"。

即位不久后，永乐帝就醉心于搜寻一事。他派人打探建文帝的行踪，打探世间是否存在建文帝的拥护者以及责难他们是篡位者的"反贼"。

永乐帝曾为燕王，任大将军一职，想必也一定研读过《孙子兵法》。当时那个年代，孙膑的兵法书早已失传。所以世间所说的《孙子兵法》就是孙武所著兵法书，即《吴孙子兵法》。《隋书·经籍志》已经不见《孙膑兵法》的身影，因而可以推断出它在更早之前就已失传。

因永乐帝为《孙子兵法》的读者，所以他一定是用间高手——这种思维未免太过跳跃。但多年以来，他驰骋沙场，立功无数，所以他必定是位优秀的军事领导者。在优秀的将军应当具备的能力中，就包含着"善用间谍"一项。好像是为了对此说法加以印证，世间流传着这样一种说法：朱棣之所以能战胜建文帝，攻陷南京城，就是因为城内有人接应。

城内间谍到底为何人？是宦官集团。

即位后的永乐帝不得不进行各项搜寻调查，所以对于他来说，宦官极为重要。皇帝因无法走访民间，打探建文帝的下落，所以他必须借他人之手。他足以信任之人，不正是在江山争夺大战中于城内接应的宦官集团吗？

永乐十八年（公元 1420 年），永乐帝设立"东厂"——因建于北京东安门外，故名之。该机关负责"刺探隐私、通缉罪犯"，是皇帝直属的特务机关。

永乐帝不愧为永乐帝！他的这一举动，不但获悉了建文帝的行踪，揭发了反对集团，还进一步得知了具体民情——生活必需品的物价起伏等信息。虽美其名曰"民情调查"，但其性质并非是真正关心国民生活，而是更倾向于搜寻民间的不满之士。

永乐帝任命宦官担任东厂首领。先父明太祖朱元璋曾严令禁止宦官干政，并阻断他们同外界的交流，但永乐帝打破了这条遗训。他也是不得已而为之，因为宦官集团是运营特务机关的最佳人选。

从事特务工作者，最好了无牵挂之人，因为家人亲友的羁绊往往会妨碍工作。就此点而言，宦官牵挂甚少，即便他们拥有家人，也在去势之际断绝了关系——传宗接代是每个家庭成员的义务，而无法生育的宦官就如同出家之人，脱离了家庭关系。

历朝历代中，亦不乏被剥夺性悦的宦官们苦心钻研其他领域。后汉时期的蔡伦正是名宦官，他发明了纸，在世界文化史上写下光辉一笔。

宦官往往会被委以将军或者军监之职。再加上宦官们牵挂甚少，无后代家庭之顾虑，往往行事果决。在紧要关头时他们绝不会犹豫——"管他的，怎样都行！"失败之际，他们也不必担心家人遭到镇压。打仗时如此，从事间谍、特务工作之时亦是如此。

为了奖励那些宦官们在攻打建文帝之战中，于城内积极配合，永乐帝开始重用宦官。此外，他个人也觉得此举能够做到"人尽其才"。

不过，建文帝宫中的宦官们为何会暗中通敌，和永乐帝勾结在一起呢？

恐怕是宦官们对明初"宦官不得干政"的政策心怀不满吧。明太祖朱元璋曾明令禁止宦官读书，禁止宦官与外界联系等。此外，明王朝在推翻元朝这一异族政权的基础上建国，时时都以复兴中华的思想行事。方孝孺[1] 等操纵建文帝宫廷的儒学大家们极度轻视宦官。

即便如此，永乐帝还是给予了宦官高度信任，曾率领舰队七下西洋的指挥官郑和就是一名宦官。同时，永乐帝还派遣宦官担任"市舶司"[2] 一职，常驻泉州、广州等贸易港。

5

若统治者是明太祖朱元璋、永乐帝朱棣这般精明能干之人，国家在皇权高度集中的封建专制统治下也依然能够顺利运转。不过，一旦

---

[1] 方孝孺（公元 1357 年—公元 1402 年）：浙江宁海人，字希直，号逊志，亦称"正学先生"，明朝大臣、学者、文学家、散文家和思想家，一生著作颇丰，代表作《逊志斋集》《方正学先生集》等。

[2] 市舶司：中国古代管理对外贸易的机关，设立于各海港，相当于现在的海关。

出现昏庸无能的君王，政治将变得混乱不堪，皇帝全然成为宦官操控下的"机器人"。

在永乐帝的充分信任下，宦官地位大幅提高。宦官集团的执行机关——"司礼监"甚至可称为"影子内阁"。但它并非为第二内阁，而是暗中操控内阁，成为事实上的国家最高行政机构。

司礼监长官为掌印太监，下设若干名秉笔。其中第二秉笔或第三秉笔兼任东厂长官。秉笔不仅掌管特务，还兼任东厂长官，实力渐渐强大起来之后，便成为掌印太监的候选人。用现代语境来说，就好比于曾任CIA（美国中央情报局）长官之人成了离总统之位最近的人。

如此一来，东厂不再是为皇权效力的特务组织，其任务变为维护宦官组织而进行情报搜集及间谍活动。东厂的特务们潜入民间，监视民众。不过由于他们的监视重点不在于是否有人对朝堂心存不满，所以即便对时局、朝廷暗发牢骚也不成问题。然而，一旦说了宦官坏话，则会大难临头，立马被人强行绑走。

天启年间（公元1621年—公元1627年），东厂的特务势力最为猖狂。这一时期，大宦官——魏忠贤擅政，专横跋扈。东厂特务的第一职责就是揭发那些说魏忠贤坏话的人。

天启三年（公元1623年），魏忠贤成为东厂长官。事实上，万历年间（公元1573年—公元1620年）不断放宽刑罚，东厂已变得杂草丛生，几乎处于废弃状态。如此血腥残酷的地方长满杂草实为幸事，但魏忠贤就任以后，东厂发生了翻天覆地的变化。

魏忠贤不遗余力地排除异己，一个不留地将其除掉。杨涟、左光斗、魏大中、周顺昌、邹元标、冯从吾、高攀龙等高风劲节之士大力批判魏忠贤，最终都死于非命。不过，也出现了像浙江巡抚潘汝桢这般媚上欺下的小人。他上奏说："魏公公是圣人，应为他建'生祠'（为活着的人建立祠庙，加以奉祀）。"监生陆万龄则启奏："魏公公为至圣之人，当与'孔子'同奉祀。"溜须拍马之举也可谓是在此达到了极致。

事实上，魏忠贤更加令人心生畏惧。那些反对魏忠贤的人，被东厂特务揭发后，都会被处以"蝙蝠刑"，即活人剥皮。在被剥皮的过程中，那些犯人的双手和腹部之间会出现一张皮膜，样子活像蝙蝠。据说，执行这一酷刑的刑吏若是在剥皮过程中出了差错，致使罪犯在成为光溜溜的蝙蝠之前就断气的话，自己就要代替罪犯被虐成蝙蝠。因此他们行刑时极度紧张，汗流浃背，手止不住地颤抖。

渐渐地，举国上下不再有人谈论政治。何止是政治，就连说了多余的话，都会置自己于险境中，所以最好的方法莫过于缄口不言。

魏忠贤途经之时，人人都须行跪拜礼，高呼"九千岁"。由于当时世人尊称圣上为"万岁"，所以称赞魏忠贤时需要减掉"千岁"，故呼"九千岁"。若是有人觉得此举荒唐可笑而选择沉默不语，或许会被强行拖走——"你不愿高呼九千岁，是吧！"百姓们竟连沉默的自由也不复存在了。

胸无点墨的魏忠贤为何能权倾朝野？年轻时，魏忠贤我行我素，嗜赌成性，却常常十转九空。厌倦了这般生活后，他自宫做了太监。自从成为天启帝母亲王氏的典膳后，他开始崭露头角。此外，他妻子客氏正是天启帝的乳娘。虽然"宦官娶妻"听上去甚是奇怪，但即便他们丧失了性能力，与女人同居还是为当时社会所认可的。世人称宦官之妻为"菜户"，即"不吃肉，只吃素"之意。

靠着这层关系，魏忠贤赢得了天启帝高度的信任。不过，他之所以能够拥有让天下子民俯首称臣的权力，还是归功于他掌控着的东厂。

自永乐帝设置东厂以后，中央还曾设置西厂，但没多久就废除了，曾短暂恢复后又被撤销。在大约二百年的时间里，担任东厂长官的宦官不计其数。在他们当中，也有不少人将东厂长官之职当作政治性财产，活跃于朝堂。刘瑾（公元 1451 年—公元 1510 年）便是其中一例。不过，没有人像魏忠贤一样平步青云，甚至被尊为"九千岁"。有人认为魏忠贤会做到这个份儿上是因为他不自量力——正因为他目不识丁，才这般不自量力。

即便如此，由于使用目的不同，特务机构——东厂有时甚至会变成极其危险的武器。在魏忠贤担任长官前，东厂已荒草丛生。他这种独裁之人必定想要通过组建特务组织来保护自己、击溃敌人。因此，他或许是参照旧组织，在其基础上改建了东厂，让东厂为自己所用。在中国近代历史上，也曾存在类似的特务组织——蓝衣社。它是为了防止蒋介石实行独裁统治而成立的。戴笠担任其长官。据说国民党的官员们一听闻"戴笠"之名就惶惶不安，此名让他们闻风丧胆。二战结束后，戴笠因飞机失事而身亡。甚至有极端论者认为戴笠的死，加速了蒋介石政权的崩溃。

在清代汇编而成的《明史》中，记述了一段逸事——"在一个密室内，有四人正在饮酒。其中一人说了魏忠贤的坏话，其余三人则因害怕而沉默不语。当时，东厂特务瞬间现身现场，将四人一起绑走。说坏话者被处以'磔刑'，其余三人因未随声附和而受到褒奖。这三人在惊慌错愕中，无法动弹……就连密室中的事，东厂人员都看得清清楚楚，谁胡说八道，谁缄口不言，上面都知道得明明白白！"

因特务机关蒙上了神秘的面纱，所以往往容易出现这般荒诞的传说。我个人认为上文所述的逸事，其官府捏造的色彩十分浓厚，属于恐吓性质的警告——"即便躲在背地里偷偷说坏话，东厂人也会立马获悉，所以你们小心点儿！"不过，如此荒诞的传说能够广为流传，足以见得东厂拥有的威慑力格外强大。

《明史·志·卷七十一》中亦提道："专以酷虐钳中外，而厂卫之毒极矣。"其中"厂"指东厂，"卫"指锦衣卫。若将东厂视为特务机关的话，那么锦衣卫就是近卫军兼警察局，只不过锦衣卫的职务不由宦官担任。该机构由皇亲国戚、开国元勋的子孙，即贵族子弟组成，负责保护皇帝、皇后的人身安全。专门从事特务活动的东厂给人一种宦官当道的阴暗印象，而锦衣卫给人的感觉截然相反，令人身心愉悦。不知为何，明代那些因绘画才能入朝为官之人，表面上都分配至锦衣卫。

特务组织可能会演变为极其危险的武器，我从中领悟到了兵法家孙武所传达给世人的道理——"非圣智不能用间，非仁义不能使间"。我想胸无点墨的魏忠贤必定没有读过兵家圣典——《孙子兵法》。

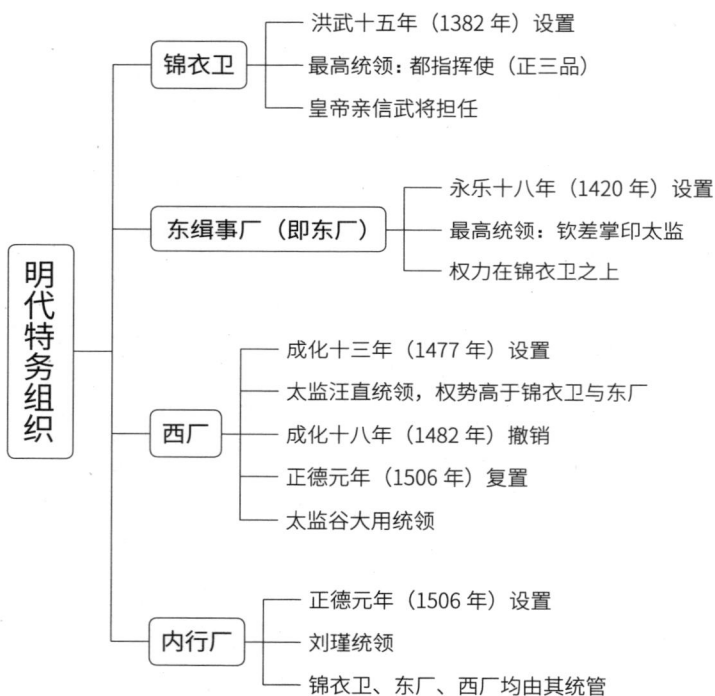

明代特务组织简图

- 明代特务组织
  - 锦衣卫
    - 洪武十五年（1382 年）设置
    - 最高统领：都指挥使（正三品）
    - 皇帝亲信武将担任
  - 东缉事厂（即东厂）
    - 永乐十八年（1420 年）设置
    - 最高统领：钦差掌印太监
    - 权力在锦衣卫之上
  - 西厂
    - 成化十三年（1477 年）设置
    - 太监汪直统领，权势高于锦衣卫与东厂
    - 成化十八年（1482 年）撤销
    - 正德元年（1506 年）复置
    - 太监谷大用统领
  - 内行厂
    - 正德元年（1506 年）设置
    - 刘瑾统领
    - 锦衣卫、东厂、西厂均由其统管

《出警图》（局部）

坐在马上的是出京的皇帝，锦衣卫开道。该画作纵 92.1 厘米，横 2601.3 厘米。另有表现皇帝归来盛景的《入跸图》。两画作皆藏于中国台北故宫博物院

1

伯乐，本名孙阳，生活于春秋时代秦穆公在位时期。相传，伯乐善相马——他擅长看马的面相，而非人的面相。因善于识马，伯乐一时间名声大噪，从中也可窥知辨识马的优劣是何等不易之事。有不少马被当作名马精心饲养，结果在千钧一发之际表现很差，暴露出劣马的本性。相反，也有不少马一开始就被认定为劣马而任其自生自灭，结果它们却在一定的时机显露出名马的一些特征。

名马有名马的饲养方式，劣马有劣马的饲养方式，两者截然不同。想必世人皆认为若是从一开始就知道马儿的品性，该是何等幸运啊！或许正是在这种期许下，才诞生了"伯乐传说"。

世间出现伯乐这样的人，也恰能佐证当时世人对马是何等珍视。与伯乐同一时代的秦穆公也同骏马有着不解之缘，留下一段为人津津乐道的美谈。爱马丢失时，秦穆公得知有人将其杀害后吃掉了——当时正值春秋时代，即便轻易取人首级也不足为奇。但是，秦穆公却赦免了这群盗马贼。

《伯乐相马图》（局部）
清代黄慎绘

岂止只是赦免，还钦赐御酒待之，说："我听说，吃了良马肉如果不喝酒，会伤人。"此后，他们便满怀感恩之心。相传在秦穆公为晋军所困之时，此行人以雷霆万钧之力冲破了晋军的重重包围，成功解救了秦穆公。

时值秦穆公十五年（公元前 645 年）。《史记·十表·十二诸侯年表》记载："……以盗食善马士得破晋。"

又据《史记·十二本纪·秦本纪》记载可知，偷食穆公良马者为三百人。

为何"食良马肉不喝酒会伤人"呢？若这三百号人偷食的只是普通马肉的话，则就平安无事。但若换成良马，即"骏马"的话，后果不堪设想。我认为其原因在于骏马气势旺盛，一旦食之，全身便会血气沸腾。其肉让人过于强壮，反倒不利于身体健康。

《史记·十二本纪·秦本纪》记载："吾闻食善马肉不饮酒，伤人。"对此，存在两种理解方式。一是将文末"伤人"一词中的"人"解释为"他人"，如诸桥辙次（公元 1883 年—公元 1982 年）编纂的《大汉和辞典》。其中，对"秦（穆）公的骏马"一项的释义为"若吃了骏马肉而不喝酒的话，往往会因血气旺盛而杀人……"不过，东京平凡社出版的"中国古典文学大系"之一的《史记》中，将此译为"若吃了骏马肉而不喝酒的话，吃的人会得病。"将"伤人"一词中的"人"解释为"本人"，而非"他人"。或许这种理解方式更为合理吧。虽然诸桥辙次编纂的《大汉和辞典》是基于刘向（公元前 77 年—公元前 6 年）的《说苑》加以释义的，但却将"伤人"一词的意思升级为"杀人"。

《龙鱼河图》[1]记载："白马玄头，食之杀之。"其意思是，吃了黑头白马就会丧命。从下文便可推断出——"所杀之人"是指自己，而非他人。下文写道："下病，食马肉，亦杀人。"一旦食了"黑头白马"这一特殊马种，就会一命呜呼。不过，即便是吃了普通的马肉而不幸患病的话，也会致使性命堪忧。

虽然气势旺盛固然是好，但正所谓"过犹不及"。岂止只是"不及"，情况甚至更为糟糕。就此点而言，不单中国人这般认为，日本人也是如此，例如日本的迷信——"丙午"[2]（hinoe-wuma）就源于这种思维方式。只是在日本，只有女性会被认为"气势旺盛"，而男性的"丙午"却丝毫无碍。

"丙"字意指"火势旺盛"，"午"即为"牛"，是指动物性精力旺盛。将这两者结合起来就会产生难以应对的强大气势。在当时的日本，人们普遍认为"女性应当受控于男性"，所以"女强人"不受世人待见。

---

[1]《龙鱼河图》：作者不详，汉代的一本纬书，记述各种神话、巫术等内容。

[2] 日本人相信丙午年出生的女性会克夫。

值得一提的是，中国社会似乎不存在与"丙午"相关的迷信。当鲁迅先生从内山完造（公元 1885 年—公元 1959 年）处听闻日本的"丙午"后，执笔写下了一篇文章。他在文中论述道："日本的'丙午'毫无特例，任何符咒都无法破除。这种严苛正是源于日本的精神风气。若换了中国，即便也存在这种迷信，就用桃木刻个小人什么的，必定能找到破解法子。"

虽然随机应变并非坏事，但若过于通融，就会导致"随意精神"横行世间——人们对任何事情都缺乏严格态度。但若中国社会变得如日本社会一般"毫无特例"的话，虽利于团结一致办事情，但同时也会暴露出"过于死板"的缺点。不过，想必鲁迅先生的言下之意应是必须改善"欺骗、勾结、松懈"等恶习，不能让它们肆行于中国社会。

"端午"原为五月的第一个午日，即开端的午日。但不知从何时起，就固定成"五月初五"这一天了。阴历中的四、五、六月为夏季，居中的五月则是盛夏。在气势最盛的五月中，最初的午日就如赛马比赛刚刚开始一般，势头最为强劲。为了抑制这股强劲的势头，人们往往在"端午节"那天用菖蒲或其他草药作护身符。

《说文解字》[1] 记载："马怒也武也。""怒"，意为"势头强劲"，而"武"字之意一目了然，无须赘述。

2

秦穆公不单只是赦免了偷食其爱马的三百人，还钦赐御酒款待他们。此可谓是一种笼络人心之术，令臣下感奋乃为君之人的秘诀。若这三百人是那种不管如何施恩都无动于衷之人的话，想必穆公不会招待他们饮酒，甚至还可能会取其首级以解心头之气。

---

[1]《说文解字》：中国第一部系统性的汉语词典，原书为许慎所著，于公元 121 年定稿。

《史记》记载："吏逐得。"即穆公的手下寻迹追得爱马，发现已被三百人食下肚了。但据刘向编纂的《说苑》所载，此番景象是秦穆公前去找马时亲眼见到的。他发现自己的爱马已惨遭毒手后，说："是吾骏马也。"众人惊慌不已，纷纷站起身来。如若情况果真如《史记》记载的那般，即便是秦穆公的手下抓捕了这群人，也定会把他们带到秦穆公的面前，听从秦穆公发落吧。秦穆公一看他们的神色，心里就暗暗断定：是为有用之徒矣。想必他是断定了这群人有"施恩"的价值才会这么做的吧。公元前646年，秦国大闹饥荒，晋国竟乘人之危，在邻国饥荒之时大力开战。果不其然，那三百人念其旧恩，在公元前645年的秦晋之战中解救秦穆公于危难之时。

当时，晋国正处于晋惠公夷吾在位时期，他亲自率兵征战秦国。对此，秦穆公也亲战沙场，英勇迎战。战争伊始，晋惠公的战马深陷泥泞，动弹不得——这种状况称为"鸷"。或许这只是晋军的作战计划。因为随后秦军蜂拥而至，却遭到了晋军的层层包围。就在此时，偷食秦穆公爱马却得御酒的三百人，顺利解救出了被重重围困的秦穆公。

这三百人，椎锋争死，最终突破了晋军的包围。由此，形势也发生了一百八十度大逆转。晋惠公反被围困，成了秦军的战俘。当时，秦穆公夫人正是晋惠公的姐姐，且晋国是与周王室同姓的诸侯国。周王朝的天子虽有名无实，但在名义上仍是春秋时期的国君。最终，在周天子的斡旋及晋穆公夫人的哀求下，晋惠公以割让领土及派出人质为条件得以重返晋国。

十八年后，秦国准备出兵攻打郑国，而郑国存在秦国的内应。因此，秦国的三大将军——孟明视、西乞术、白乙丙三人，获悉郑国已得知秦国出兵之事而早有准备，于是放弃攻郑，转而攻打晋国边境的小城镇。

此前，晋国乘人之危，在秦国大闹饥荒之时出兵攻打。此次，秦国却在晋国国丧之时出兵。当时正值晋文公驾崩，太子襄公刚刚即位，而且亡故晋文公的夫人，正是秦穆公之女。所谓"春秋时期无正义之战"，正是如此。

遭到秦国的攻打后，晋襄公怒发冲冠，身着丧服出兵，大败秦军，虏获了这三位大将军。此次，晋文公夫人请求晋襄公将三人送还秦国，"父君晋穆公对此三人恨之入骨，若是将他们遣送回秦，父亲定会活炖了他们！"

然而，三位将军回到秦国之后，却得到了秦穆公的赦免。

"此次战役，是寡人鲁莽！不听百里奚（孟明视之父）及蹇叔（西乞术之父）的意见私自下定主意，你们三人毫无罪过可言……"

三年后，孟明视再次率兵出征，攻陷王宫、鄌（今河北省邢台市柏乡县北）等地，雪洗此前战败之耻。秦穆公渡过黄河，亲自到三年前战败的崤山（今河南省洛宁县东宋镇），埋葬那些尸骨未寒的秦军将士，发丧，哭歌。

当时的君子们听闻此事，无不为之动容，说："嗟乎，秦穆公之与人周也，卒得孟明之庆。"

君子，即绅士，是指那些知书达理，判断敏锐之人。为了加强自身修养，首先必须在经济上有所余裕，所以显而易见——君子中，地主阶层的人占据大多数。但恐怕无法妄下断言"君子＝地主"。

在攻打晋国的三年后，即公元前621年，秦穆公驾崩，一百七十七人陪葬。当时，秦穆公为人人颂赞的贤明圣主。无论是他赦免食马肉的三百人一事，还是赦免战败被俘的孟明视等三位将军之事，都足以见得他善于笼络家臣之心。

当时，世间存在伯乐，善识骏马。秦穆公则可谓是善于识人的"伯乐"。在他驾崩之时，有人出来为他殉葬。但此实属无可奈何之举，并非是因为他们过于仰慕君主之贤能而心甘情愿为之。《史记》中将这些人记为"从死者"。《春秋左传》中则记载为"为殉"。子车氏的三位儿子——奄息、仲行、针虎三人皆为秦穆公殉葬。子车氏为秦国的家老，其三子均为贤良忠臣。秦人为他们的离世深感哀伤惋惜，作《黄鸟》一诗，收录于

《诗经·秦风》中。

> 交交黄鸟，止于棘。谁从穆公？子车奄息。
> 维此奄息，百夫之特。临其穴，惴惴其栗。
> 彼苍天者，歼我良人！如可赎兮，人百其身！

此为该诗的第一节。在第二节与第三节中，人名分别变为"子车仲行"与"子车针虎"，黄鸟所栖之地分别为"桑"与"楚"，而对年轻人的形容分别换作"百夫之防"与"百夫之御"。

就连年轻有为之人都难逃陪葬之命，不免令人不寒而栗，唏嘘不已。无论秦穆公如何贤明，此举甚是残酷冷血。或许他是善于识人的"伯乐"，但终究只是为了令其为己所用。即便人殉制度是秦国的风俗，但放任这一制度的存在，未免太过残暴。这是一种将人利用完毕后便随意抛弃的择人方式吗？

当时社会的君子们如是批判秦穆公。虽然《诗经·黄鸟》一诗是为哀悼三名殉葬的年轻人所作，但其中显然饱含着对秦穆公的责难之情。

据《史记》记载，君子们大肆批判秦穆公。君子说："秦缪（穆公）公广地益国，东服强晋，西霸戎夷，然不为诸侯盟主，亦宜哉。死而弃民，收其良臣而从死。且先王崩，尚犹遗德垂法，况夺之善人良臣百姓所哀者乎？是以知秦不能复东征也。"

他们大力指责道："秦穆公虽建立了丰功伟绩，但终不成诸侯之盟主，亦无法再次东征。此皆归咎于他纵容人殉等不人道的制度存于世间。"

此外，在《史记·十表·十二诸侯年表》中，"穆公三十九年"一项下记载："穆公薨。"令人不解的是，这里本应使用"卒"字而非"薨"。虽然当时也存在使用"薨"的例子，但是根据《史记》的书写习惯，诸侯之死应记为"卒"。在《史记·十二本纪·秦本纪》中虽将穆公之死记为"卒"，但在年表中却记为"薨"，且加以注释——"殉葬以人，从死者百七十人，君子讥之，故不言卒。"

秦穆公并非寿终正寝，他因强制活人陪葬而遗臭万年。因而，在记载其死亡之时，也使用了别的用语以区别一般说法。

据《礼记》记载，天子死曰"崩"，诸侯死曰"薨"，但《史记》中的用法却不尽相同。"卒"与"薨"二字的用法各异，但以"卒"字的用例居多，只有少数情况下使用"薨"。以使用频率极低的"薨"字来记述秦穆公之死，可见记述者司马迁对其言行的极大不满，并且特意加注以示强调。

值得一提的是，后世形成了"崩、薨、卒、死"的排序。在《新唐书》中，称二品以上的官员之死为"薨"，五品以上的官员之死为"卒"，而六品以下小官及平民百姓之死皆为"死"。

3

为使国富兵强，为君者必须是善于识人的"伯乐"。若君子无识人之眼，那么膝下云集的净是些平庸恶俗之徒，终究难逃亡国之命。

虽然，人人都知伯乐擅长识马，但至于他是否会好好待马，并且耐心调教骏马，我们却不得而知。沙场之上，驾驭战马乃将军之本职，所以世人都不曾称伯乐为高级军事指挥官。除善于识马外，伯乐别无他事留名青史。据此可知，他或许就是位生活悠然的好马鉴定师。

君主及其近臣，单单拥有识人之眼还远远不够。他们还必须学会善用人才，此谓一大难事。

在此且不论春秋战国时代。秦始皇开创统一的大帝国局面，汉朝进一步拓展其版图以来，君主与庶民之间的距离渐行渐远。鉴定人才虽为君主之职责，但事实上一国之君不可能微服出巡，深入民间选拔人才。因此，就渐渐形成了一种人才选拔的模式——一些人先通过海选，再由大臣进一步筛选，通过筛选的极个别佼佼者则由君子做最终的鉴定。

由此可知，人才经预选委员之手产生。汉代赋予地方长官一项重要义务——地方长官必须向朝廷举荐孝顺廉直之士。不单单只是地方长官，朝廷命官也同样被委以"推举贤良"的重任。

在汉朝武帝开创的治世时期，益州刺史任安给仕于朝堂的司马迁写信，劝其"推贤进士为务"由于仕于朝堂，仕于天子身旁，所以司马迁应当向朝廷、向圣上举荐贤能之士。但是他竟收到了这封劝诫信，从中也可窥知他平日里不太向朝廷推举贤士。

对此，司马迁回了一封长信，即《报任少卿书》（《报任安书》）。此信久负盛名，全文载于《汉书》中。

"我既受腐刑，便与世人不同，是为奇耻大辱。即便是死，也无颜去见列祖列宗。更何况是向天子举荐贤士呢？"

当时还处于竹简、木简时代，所以此封回信的重量可想而知，或许一个人难以背动吧。另外，司马迁在回复此信之时，任安已获罪，将被处以死刑，正值行刑前夕。

此为要信，绝不能以敷衍搪塞之态度加以回复。从这封信中大概就能窥知人才举荐工作是何等要事了吧。由于科举制度始于 6 世纪末 7 世纪初的隋朝，所以此前录用人才的方式唯有举荐，除此之外别无他法。

建元元年（公元前 140 年），亦即汉武帝即位的第二年，他对朝堂重臣下发诏令："众爱卿，应荐贤良方正，直言极谏之士。"

公孙弘（公元前 200 年—公元前 121 年），山东人氏，养猪为生。年过六旬的公孙弘受人举荐后，作为使臣出使匈奴，但结果不尽如人意，故而辞官归乡。他本想在家乡菑川国（今山东省寿光市纪台镇）度过余生，却难以遂愿。其因在于菑川国官员再三请求："请您务必接受此次推举。"不过，官员此举也实属理所当然。由于菑川国地处边鄙之地，目不识丁者占大多数。但官员若由于真的不存在有识之士而不向朝廷举荐人才，就会被冠以"玩忽职守"之罪而受到朝廷厉斥。总之，他们必须遣人赴长安。

公孙弘受命，勉为其难地再次奔赴长安。此次，他得到了汉武帝的赏识，平步青云，终登丞相之位。直至耄耋之年辞世，他始终在丞相之位鞠躬尽瘁。在位期间，他将培养后进之辈视为自身职责，以鉴定人才为丞相的第一要务。

公孙弘设立"东阁"，它本指设立于官邸东侧小门的阁楼。一入其内，便是丞相举办的沙龙，年轻的有识之士在此各抒己见，畅所欲言。丞相公孙弘将目光投向他们，心里打量着："这里有没有出类拔萃的人才呢？"

"东阁"一词也指"丞相物色贤士的场所"。该词的广泛使用也反映出鉴别人才的主力由皇帝转至丞相。不过，由于丞相政务繁忙，无法事事亲为，所以选拔人才之事通常不经丞相之手。

公孙弘请补子弟
清代梁延年编《圣谕像解》插图，康熙二十年承宣堂刊本。公孙弘担任宰相期间，中央设五经博士，选十八岁以上、仪状端正的人补博士子弟

大汉帝国兴盛之时，卓越的政治家层出不穷。虽然其间也出现过昏聩君主，但因国家基础稳固，并未酿成大祸。那时对人才的渴求自然也不强烈。不过，世道一旦混乱，情形则迥然相异——在治世中，是否善用人才与国家兴亡关系不大；于乱世之中，人才任用问题则更成了更为切实的问题。

具体而言，"乱世"相当于后汉后期。自黄巾之乱至三国鼎立时期，国家割据，群雄逐鹿。在那个时代，一个集团中倘若存在运筹帷幄的将军、深谋远略的参谋及才能卓越的政治家，该集团就会走向富强昌盛。反之，昏庸愚钝的将军、参谋及政治家领导下的集团终入衰亡的深渊。因此，在弱肉强食的命运中，国家的兴亡、党派的发展皆与"人才"息息相关。

在太平盛世中，人才有时不过只是装饰品而已。但在烽火硝烟的乱世之中，情况迥然不同，人才甚至关乎着国家的兴衰存亡。因此，社会越来越需要人才鉴定大师，世人也就理所应当地认为世间必定存在着鉴识人才的"伯乐"。

4

郭泰（公元 128 年—公元 169 年），字林宗，后汉时期太原人。其名亦作"郭太"，但其字——林宗更广为人知。一日恰逢大雨，林宗便将头巾的一角折叠。时人效之，故意折斤一角，称"林宗巾"。换言之，他引领了一股潮流。这就好比英国绅士遇雨时将裤脚卷起，成为后世绅士服中裤子折边的起源。

裤腿折边或是头巾折角之所以能够风行于世，定是由于创始者是风度翩翩的雅士，如画之人。所谓"如画"，不单单是指姿容俊秀，还指具备着超凡的人格魅力。

郭林宗从师屈伯彦，主修古典，后游学于后汉首都——洛阳。但是，地方出生的他起初并未得到首都士人的赏识。最初认可其才能之人，便是符融。由于郭林宗本人就是人才鉴定大师，所以识其才能者——符融——则可谓人才鉴定的"泰斗"。

符融，陈留郡浚仪县（今河南省开封市）人。他从师李膺（公元 110 年—公元 169 年），却令李膺自叹不如。每每符融来访，老师李膺必会回绝其他宾客，独留两人畅所欲言。据《后汉书》所载，符融畅谈之态为"幅巾奋袖，谈辞如云。"意思为（符融）在侃侃而谈之时，头戴宽头巾，挥动衣袖，言辞之中名句如云。前文已谈及郭林宗的头巾一事，在此又提及符融的头巾，这是因为于当时世人而言，头巾为时尚的象征。所谓的"宽头巾"似乎正是僧侣之妻所戴之物吧。

《后汉书》记载着"一见嗟服"，即符融一见到郭林宗就不由得叹服。随后，符融便将郭林宗引荐给李膺。

后汉末年，宦官专权。对此，知识分子们团结一致组党反抗，却反复遭到无情的镇压。历史上称此为"党锢"。李膺时任党人首领，那时世人向英勇反抗阴毒宦官的党人同志们默默送上掌声，欢呼不已。因此，首领李膺可谓是洛阳城中的人人颂赞的英雄。

只要同李膺交往，此人必会享誉盛名，声名远播。因此，符融将一眼看中的郭林宗引荐给了李膺。当然，未入仕途的符融之所以能够名扬天下，也是得益于他深受李膺青睐。在符融登门之时，李膺都会谢绝其他登门拜访之人。这一举动，也是他为将自己所鉴得的人才公之于众。

李膺时任河南尹，相当于北京市市长一职。此前，他历任渔阳太守、护乌桓校尉、度辽将军等职。当然，他也曾一度被革职而成为"浪人"。免职期间，他在故乡开办了私塾。私塾规模庞大，前来拜师的弟子多达上千人。当时，就连樊陵也曾前来拜师，但遭到了他的回绝。这也是他向世人公布人才鉴定结果的方式。后来，樊陵依靠阿谀奉承，攀附宦官而官至太尉，却依然为士大夫们所不齿。原因就在于李膺曾拒收他当门徒。

郭林宗拥有卓越的识人才能。他为了使这番才能为世人所赏识，就必须先得到当世的人才鉴定大师的认可。幸运的是，他获得了李膺出具的"人才鉴定书"。因而，司徒（丞相）黄琼、太常（九卿之一）赵典等人赏识他的才华，欲任其为官。但是，郭林宗一一回绝，且终身未入仕途。当众人皆奔走于追名逐利之途时，他的态度着实令人叹服。此外，在他回绝任命时的言辞也同样令人肃然——"吾夜观乾象，昼察人事，天之所坏，不可支也。"意为观察天象人事便可知世间之事，天欲废弃之物，非人力可以阻止。他已隐隐察觉到后汉王朝命数将尽，天欲废弃之物正是后汉王朝。

不过，"天之所坏，不可支也"一句并非郭林宗原创之词，而且出自《春秋左传》中晋人女叔宽之语。听上去像是在说"天欲灭亡后汉"，但因此番危险言论出自《春秋左传》，所以他幸以逃过一劫。从此事中也可略探郭林宗的"狡诈"。

郭林宗同党人派巨头李膺的关系甚是亲密。即便如此，当李膺被宦官一派肃清时，他却依旧平安无事。李膺本人惨死狱中，妻子流放边境，门徒、属僚甚至他们的父兄皆被禁锢（禁止为官）。但是，郭林宗却丝毫未受牵连。这都归功于他不仅未入仕途，并且无意仕途。

《后汉书》记载："林宗虽善人伦，而不为危言核论……"所谓"善人伦"，即善于鉴识人物。郭林宗虽褒贬人才，却不为其倾囊。所谓"不为危言核论"，则是全然不谈论政治性言论及事务的是非。虽然这是自保的绝佳手段，但他从一开始就选择逃离，总令人觉得此人"狡猾"。

随后的历朝历代，甚至直至今日，都不乏一些人遁入专门之路并以此为由远离政治。想必郭林宗就是此类人物的"始祖"。他以自己的态度表明——"我仅仅只是鉴识人才，如此而已。后来之事一概不知。"

建宁元年（168 年），太傅陈蕃、大将军窦武被宦官一派杀害之时，郭林宗哀恸山野，既而叹道："人之云亡，邦国殄瘁。瞻乌爰止，不知于谁之屋。"前句出自《诗经·大雅》，后句则出自《诗经·小雅》。郭林宗因政治人才陈蕃、窦武遇害而悲愤不已，恸哭山野，可见他并非对政治事务毫不关心，只不过平日里谨言慎行，对政治性言论高度谨慎罢了。他恸哭之后的言论虽含有反动之意，但与此前相同，不过是引用之词，并非他本人始创。由此可见，他是事先准备好后路，继而恸哭，随性吟诗。

翌年（即建宁二年春），郭林宗逝世，年仅 42 岁。四方之士多达一千多人前来送葬，并为他立碑，而撰写碑文之人便是当世的一流文人——蔡邕。

郭林宗鉴识人才的绝技成为一种传说。《后汉书》的作者范晔（公元398 年—公元 445 年）为五世纪之人，他觉得三百年过后，世人对郭林宗的绝技添枝加叶，大多言辞荒诞不经，因此评论道："后之好事，或附益增张，故多华辞不经，又类卜相之书。"

在《后汉书》中，作者力排占卜相面等一切虚幻可疑之事，列举了一些真实存在的鉴识人才之例。所荐之人包括左原、茅容、孟敏、庚乘、宋果、贾淑、王柔、王泽、张孝仲、范特祖、召公子、许伟康、司马子威、郭长信、韩文布、李子政、曹子元、周康子、王季然、丘季智、郝礼真等。并且，经郭林宗举荐的六十人其后皆成名士。

有关郭林宗鉴赏人才的逸事不胜枚举，下文将稍做介绍。

一次，孟敏背着甑（古代瓦制器皿）行走着，一不小心甑坠地而破。但他头也不回地继续向前走。郭林宗恰巧看到此事，便问其缘由。孟敏答道："甑已经破了，看它还有什么用？"

"此人能成气候。"郭林宗暗暗思忖着，便劝他去游学。十年后，孟敏名闻天下。

张孝仲原为牧羊人，范特祖则是村委会杂役，召公子曾是屠夫，许伟康出身酒家，司马子威则是士卒。他们皆因受到郭林宗的赏识而名扬天下。

相反，若从郭林宗处得到否定评价——"此人不行啊"的话，那么此人必定无所作为。例如，史叔宾、黄允、谢甑及边让等人便是如此。

接下来，细说黄允之例。早年，黄允以才华闻名于世。郭林宗一见到他，便给出了一番负面评价，"你有过人的才能，足以成大器。但若是不能坚定地恪守正道的话，必将失去名誉。"

后来，丞相袁隗欲为女择婿之时，见到黄允，便叹道："若是能觅得你这样的女婿，我也就知足了。"听罢，黄允立马休掉了自己的妻子夏侯氏。此举正是"守道不笃"。

遭到抛弃之际，夏侯氏说道："我想向众亲属道个别。"于是大集宾客三百余人，当面揭露黄允隐瞒的十五件丑事。其妻所揭露的丑行过于难堪，为人不齿，因而黄允遭世人遗弃，断送了原本不可限量的前途。

5

当时那个年代，罪行连诛九族，门徒友人皆遭连座。因此，万不能随便与人交往，必须先看清对方的为人。倘若只是将鉴别人物的大权完全交由郭林宗这般专家，也不足以令人安心。因此，必须鼓励世人擦亮眼睛，观察身边人。

李瓒，为前文所提及的李膺之子，任职东平相。他预感到天下即将大乱，所以以乱世为前提，不断鉴识人才。临终之时，他将自己的鉴定结果告诉了其子李宣，"天下即将大乱，天下英雄当以曹操居首。虽然张邈是我的朋友，袁绍是你母方的亲戚，但万万不可投靠他们！记得要投靠曹操！"

因为李宣谨遵父亲遗言而投奔了曹操，所以得以在乱世之中保全了性命。

自后汉末年至三国时期，还有一名与郭林宗齐名的"伯乐"——许劭。

许劭（公元 150 年—公元 195 年），字子将，汝南郡平舆县（今河南省平舆县射桥镇）人。

《后汉书》记载："好人伦，多所赏识。""人伦"一词正如前文所释那般，意思是"鉴识人物"，而"多所赏识"则意为"所荐之人众多"，例如樊子昭、和阳士等人皆受其举荐而显名于世。接着，书中又记载："故天下言拔士者，咸称许、郭。""拔士"意为"拔擢士大夫"。此句的意思是，若说到录用人才之事，世人必会提及许、郭这二位鉴定人才的名人。

郭林宗布衣终身，一生未入仕途。但是，许劭却在年轻之时任汝南郡功曹。功曹主要负责记录当地官吏的功绩。由于功绩为官员晋升或左迁的参考资料，所以功曹归根结底就是人事科长一职。从原本的工作内容来看，许劭之职本就与人物鉴定密切相关。换言之，许劭为实干型的人才鉴定大师。他采取了散文式的鉴定方式——能否完成工作？孝行几分？读书几分？习字几分？基于此类信息来收集数据对人物进行评分。

相比以上这种数据，郭林宗在鉴定人物之时更看中其"才能"。他赏识堕甑不顾的孟敏，便如实地反映出这一点。相对于许劭散文式的鉴定方式而言，郭林宗的方式则可谓是诗意的。

因此，许劭没有郭林宗那般为人津津乐道的趣闻逸事。通过斟酌数据来推导结果的方式固然科学可靠，但其中缺乏乐趣。若真要说许劭相关的逸事，或许就是记载于《后汉书》中的同曹操的邂逅。

当时，许劭因擅长识人而名声大噪，尚且年轻且官阶低下的曹操便前去拜会这位名人，请求他为自己做一番鉴定。许劭回答："无可奉告。"当然，这无可厚非，这是鉴定师的权利与自由。无赖的曹操见此，却掏出短刀，大放厥词胁迫许劭，说"快说！不说就杀了你！"

许劭无奈之下，只得作答："君清平之奸贼，乱世之英雄。"听罢，曹操大悦而去。世间确实存在此类人物——在太平盛世中虽是无可救药的奸贼，但在乱世中却能成为英雄。《异同杂语》一书中记载："子为治世之能臣，乱世之奸雄。"在这两句描述中，"奸"字所在的位置有所不同，我个人觉得《后汉书》中所记述的"清平之奸贼"更加符合曹操的形象。

据《三国志·魏书》记载，善于识人的桥玄（公元110年—公元184年）对曹操说："天下的名士我见多了，但是没有一个能同你相比。你得好好努力！我老了，我的妻子和孩子就拜托你照顾了。"桥玄官至太尉，也因擅长识人而声名远播。值得一提的是，桥玄有两位女儿，皆为倾城佳人，人称"二乔"。姐姐大乔嫁给了吴国孙策，妹妹小乔则嫁与吴国的周瑜。

许劭有位堂兄，名许靖（公元 147 年—公元 222 年），也是位出类拔萃的人才鉴定大师。虽然之后分道扬镳，但兄弟两人一开始的关系却甚是融洽，每月一见，纵评天下名士。世人称其为"月旦评"，成为"月旦"一词的起源。

相传，许劭与许靖两兄弟关系破裂的原因在于许劭担任了功曹一职后妨碍了堂兄许靖的晋升。由于人物鉴定关乎着晋升，所以血亲一旦成为鉴定对象的话，事情就变得相当棘手。

虽然许劭同堂兄的关系闹僵了，但他本人擅长社交。即使他对曹操说出"清平之奸贼"的激烈言辞，但在奉承其为"乱世之英雄"时就连呼吸中都满是怨念。黄巾之乱爆发，世道已混乱不堪。因此，实质上的"奸贼"已消失，"英雄"横空出世，搅动世间风云。

世道混乱后，许劭即便受人举荐也拒绝入朝为官，避世隐居，享年四十六岁。无论是郭林宗还是许劭，他们都在床榻上安详离世，但两人生前皆为精通人情世故的能人。司马光在自己的著作《资治通鉴》中论述道："他人撩毒蛇之头，踩毒蛇之尾，致使自己身负重刑，祸及朋党。与此相比，唯独郭林宗一人得以明哲保身，这是常人无法效仿的。"此为赞美之词。

我在记述曹操事迹的文章中提及了郭林宗，并做出记述："郭泰（林宗）的评论远远不够。他到处制造退路，表达含蓄委婉，拐弯抹角；语气平缓，八面玲珑。一旦成了畏惧毒蛇、虎狼的评论，那么其本身就极为乏味。由于他的评论中缺少令他人怒气冲天的恶毒言语，所以得以保全自身。于他个人而言，此为可喜之事，但总令人心急不已。"

如今我的观点依然如此。

1

吉川英治的三国故事曾在月刊杂志上连载了三年之久。那时，风靡日本的三国故事都以《三国演义》为蓝本改编而成。因而我在创作之时有意识地避免参考《三国演义》中的故事情节，月末月初，案头之上都雷打不动地放置着《三国志》《资治通鉴》。当然，能令我如此爱不释手的书籍也是少之甚少。

即便是在日本，正史《三国志》也备受国民推崇，尤其是其中《魏书·倭人传》中的"倭人"条目（中国称其为《魏志·东夷传》）。近年来，像《三国志》这般为日本国民广为熟读、吟味的文章是谓寥若晨星！

当然，该书广受欢迎的缘由也显而易见。我们不妨将其称为唯一一篇记录了3世纪日本样貌的文章。因而，那些对日本古代史兴趣盎然之人绝对不可忽视此章节。我并非对日本古代史了无兴趣，但将《三国志》置于案头的主因是为了专心创作小说。不过在那部小说中，日本尚未登上历史舞台，所以没必要对《倭人传》进行深入的研究。话虽如此，我却时常被问及对"邪马台国[1]

---

[1] 邪马台国：日本古国名。约公元1世纪末2世纪初出现在九州北部，公元4世纪末亡于古大和国。

问题"的看法。

一直以来，我都未对《魏志·倭人传》发表过个人见解。那是因为众多研究者已详尽地提出了一切能够想到的意见及推论并屡次召开研讨会加以探讨，所以我认为似乎没有进一步补充的问题。

就文本而言，《魏志·倭人传》最早的刊本为绍兴本。虽说是"最早"，却也是南宋绍兴年间，亦即12世纪中叶。若从陈寿执笔《三国志》开始算起，已是近九百年之后的事。

由于完全依赖笔头的历史时期极为漫长，所以宋代刊本难以做到连细微部分都等同于原作。虽然同其他杂书相比，正史在书写方面更为严谨，但也很难说后世刊本就是原作本身。因此很难将此刊本视为绝对，视为权威。

也有可能会出现比宋代刊本更为古老的抄本。事实上，以前在中国新疆鄯善县出土了晋代抄本的残卷。《三国志》作者陈寿也为晋人，卒于公元297年。自他离世后，晋王朝仅仅存续了一百二十年左右。据此可以推断——该抄本是在陈寿离世不足百年的时间内完成的，比绍兴刊本足足早了八百年。

遗憾的是，出土的抄本仅为《吴志》的一部分，未包含《魏志》中的"倭人"条目。不过，此后很可能会出土年代更为久远的《魏志·倭人传》抄本。若将来真的会出土更古老的抄本的话，必定是出自干燥的中国西北地区。因为抄本若长时间埋藏于湿润地区地底，极可能变成污泥。相反，之所以从敦煌石窟寺中出土了如此大量的古文书，正是因当地气候干燥，雨水贵如油。晋代的《吴志》抄本残卷也恰恰是因保存尚好，才得以从新疆出土。

中华书局校点本的《三国志》开头，载有从新疆出土的晋代《吴志》抄本残卷的照片，残卷内容的大致位置处于《吴志·陆绩传》及《张温传》处。下文中，我将试着把绍兴本等《三国志》的数个文本，同校勘考订而成的中华书局校点本进行比照。

《陆绩传》全文仅三百五十字。若将其写入四百字稿纸的话，不足一整页，还留有两行空白。再加上出土残卷中存在数十个文字因保存状态恶劣而无法辨认，所以真正的原文更少了。下面列举刊本中的几处不同：

①须当用武→唯当用武

②远人不服则修文德→则修二字遗漏

③旧齿名盛→〇齿成名

④有汉志士→有汉志民

⑤从今已去→从今以去

（前者为中华书局本，后者为晋代写本）

由于"已""以"二字为通用字，所以可以视为两者均可。即便如此，在寥寥百字的文章中，总令人觉得两字之间存在着些许差异。不过，这篇《陆绩传》中的汉字差别并未造成严重的问题。"名盛"与"成名"两词的意思归根结底也别无二致。"志士"与"志民"也几乎毫无差别，但相比武士般威风凛凛的志士，志民的说法更加称人心意。不过，这只是我个人的喜好问题罢了。

在誊写长文的过程中，由于誊写者心心念念地想尽早完成工作，所以脱字现象难以避免。不过，他们并非有意漏写，而是有时因内心焦躁不安而下意识地跳过几个字——回首校园生活，便可想象得到此番心境。

当然，其中也不乏因为一字之差而引起严重问题的例子。其中最为典型的问题便是：到底是"邪马台国"（台，繁体为"臺"）还是"邪马壹国"？

当好奇心旺盛之人问及该问题时，我会回答："我也不知哪个正确。"而对那些穷追不舍的执拗分子，我往往答："本人觉得八成可能是'台'字正确。"或许这属于个人喜好问题，但我本人作为非专业学者，在回答之时可以如此轻松、坦然。

我为何没有百分之百的确切答案，却又更倾向于"台"字正确呢？那是因为除《三国志》以外的各大抄本中均使用了"台"字。不管是《后汉

西晋写本《三国志》残卷

书》，还是《太平御览》中引用的文章，皆是如此。

从年代来看，后汉比三国时代距今更为久远，但编纂而成的史书却是《三国志》早于《后汉书》。《后汉书》的作者范晔（公元 398 年—公元 445 年）为刘宋时代（即南朝宋）的文人，约晚于陈寿一百五十年，而为《三国志》作详细注释的裴松之（公元 372 年—公元 451 年）则与范晔是同一时代的人。

在成书早一百五十年的《三国志》中记作"壹"，但在《后汉书》中却记为"台"。不过，仅凭此就轻易判定前者——"壹"字正确，未免为时过早。如今，我们翻阅《三国志》的书页，会读到"邪马壹国"的字眼。但不能忘记该书在印刷刊行前，在近九百年的时间内都处于抄本时代。

《后汉书》的成书时间大约比《三国志》晚了一百五十年。当然，作者范晔定是参考了《三国志》的抄本。至于《后汉书》中所记载的"邪马台"，则极大可能是他的笔误，又或者是他当时正确地写下了"壹"字，但后世的誊写者却误写成了"台"。

同样，也可能是《三国志》的作者陈寿虽清楚地记下"邪马台"，但后世的誊写者误写成了"壹"。两部著作的年代的确相隔一百五十年之久，但是全然依靠笔头书写的时代之漫长，不正是消除了这一时间上的差距吗？

2

此时，你们心中或许会产生这般疑问：这样一来，"台"字与"壹"字的正确比率各为一半不就好了？为何"台"字占了八成，"壹"字只占两成呢？我在参考章怀太子注释的《后汉书》的基础上，提高了"台"字的得分，将其正确率定为八成。

章怀太子李贤为唐高宗之子。其母便是一代女皇——武则天。不过世间还流传着另一种说法，李贤的生母是武则天的姐姐韩国夫人。总之，他天性聪颖，容貌俊秀，拥有过目不忘的超群记忆力。同胞兄长——皇太子李弘在二十四岁那年薨，李贤继立。但是他却遭到武后的猜忌——"（李贤）大义灭亲，罪不容赦！"因而他被贬为庶人，流放巴州（今四川省巴中市巴州区），最终被迫自尽。李贤离世之后，武则天悔恨不已，在睿宗年间（公元 685 年—公元 688 年）追封他为"皇太子"。近年来，高宗与武则天合葬的乾陵旁发掘出了陪葬墓，里面是章怀太子李贤、睿宗皇帝的侄女永泰公主及侄子懿德太子。墓中的壁画精巧绝伦，其临摹作品曾在日本展出，掀起一阵热议。

李贤在任皇太子期间，对《后汉书》进行了一番加注。当然，他并非是凭借一己之力完成了此项浩大的工作。据《新唐书》记载可知，当时参加此项工作的还有张大安、刘讷言、格希玄、许叔牙、成玄一、史藏诸、周宝宁等著名学者。

《后汉书》加注工作一完成，便立马传至天子耳边。于是皇帝钦赐数万绢帛以示奖赏。当时，身居皇太子之位的李贤能够充分利用民间学者无法得到的史料，再加上有世间一等一的学者助其完成此项工作，因此他注释的《后汉书》至今都被视为"权威"。

《后汉书·东夷列传》的"倭"项中，记载为"邪马薹国"。对此，在章怀太子注释的《后汉书》中，释为："案今名邪摩推音之讹反。"意思是说："邪马台"现名为"邪摩推"。无论是"邪马台"还是"邪摩推"，两者都是日语"大和（yamato）"的音译。在他十三岁那年，日本与唐朝、新罗联军在白村江（今韩国锦江入海口）展开激战，最终日本大败。于是，唐代朝臣们开始对日本抱有强烈的兴趣，他们知道日本并非是遥不可及的仙界，而是同我军在朝鲜半岛上刀枪剑影、激烈交锋的对手。

自白村江之战后，唐朝与日本之间更加频繁地互派使节。从唐朝赴日本的使节有郭务悰、刘仁轨、刘仁愿、刘德高、杏守真等人。日本也向长安派送遣唐使，还有庆祝平定高句丽的使臣等。该时期正是两国交流最为从公元 630 年日本舒明天皇派出了第一批遣唐使到 895 年的二百六十多年间，日本朝廷共派出十九批遣唐使，其中著名的遣唐使有阿倍仲麻吕（晁衡）、吉备真备、弘法大师空海等

空海乘坐遣唐使船

阿倍仲麻吕（歌川国芳绘）

《吉备大神游碁御影》
现藏于日本鸟取市贺露神社

145

频繁的时期。

天智八年（公元 669 年），遣唐使河内直鲸作为使臣前来长安道贺，当时正值章怀太子二十岁。那时，他还尚未登上皇太子之位，而是作为皇帝的宠儿参与宫中大事。河内直鲸入长安殿谒见皇帝，当他听闻高宗垂问国名之时，答曰："yamato。"听罢，章怀太子毫不迟疑地写下了"邪摩推"三字。不过，为了慎重起见，担任其助手的大学者们，应该还从白村江战役的相关士兵处得到了确认。

章怀太子定是清清楚楚地看到了日本人的姿态。当他为"邪马台国"加注时，脑海中也随之浮现出了当时那个日本使节的姿态吧。

"推"字拼音为"tuī"，因而"yamato"一词的发音则变为"yamatui"。清代王先谦主张"推"字疑为"堆"字之误，其根据在于《北史》中将"邪摩推"记为"邪摩堆"。不可否认的是，"推""堆"二字极易混淆。"堆"字的声母为不送气音，拼音为"duī"（拼音中的"d"为不送气音，而非浊音），而"yamato"中的"t"音其实也是不送气音。因此相较之下，"堆"字多少会更接近日语发音。当然，"台"字的拼音为"tái"，作为"yamato"一词的音译也极为自然。但是若为"壹"字，情况则全然不同。由于其发音（yī）与字母"t"毫无关系，所以无法同"yamato"一词联系起来。

章怀太子对《后汉书》进行注释可谓是一项不惜重金的国家级大工程，绝非是街头小巷中吝惜钱财、节俭度日的学者们能够完成的。由于是文本注释工作，所以必须先从文本校对开始。想必当时一定是搜集了世间所有能够搜集到的抄本吧。学者们通过谨慎地阅读及比较，最终将其定为"邪马台"。由于当时确定该字为"台"，所以对此的注解为音之讹反，为今名之"邪摩推"。

论述至此，"台"字以九成的绝对优势获胜。但是"壹"字还进行了反击。

北宋太宗的兴国年间（公元 976 年—公元 978 年）编纂了一部包罗古

今万象的百科全书——《太平御览》。书内列有"四夷"一项。具体来说，《太平御览》里的四夷部三的东夷三章节中，记有"倭、日本、纻屿及虾夷国"之事。"倭"，即"倭"，指代日本。同时，该书中还引用了《后汉书》及《三国志》的内容。对于倭王住所，两书均记为"邪马台国"。虽然此为支持"台"字的绝佳有力证据，但在某文本中似乎插入了一篇直接采用章怀太子注释的文章，即"倭今名邪摩惟，音之讹反"。这里既不是"推"字，也非"堆"，而成了"惟"字。该字在现代汉语中的拼音为"wéi"，与"壹"字更为接近。

令人痛心的是，在漫漫历史演变中，古抄本几乎全部佚失。纵使还有抄本留于世间，也难谓绝对正确，例如，从新疆出土的晋代《吴志》残卷，虽比宋刊本早了近九百年个年头，但文中错误频出。《陆绩传》之后的《张温传》中出现了"全综"这一人名。此人无疑就是在《吴志》中为其立传的"全琮"。抄本的年代虽然久远，但并非绝对正确，不可尽信。

即便如此，在"台"与"壹"的问题上，古抄本的发现依然有着非同一般的重要意义。这些发现并非天方夜谭，所以最好还是不要根据现有抄本中的文字妄下判断——基于此番考量，我在回答时总会含糊其词，给出模棱两可的答案。

3

推断地名时，自然是遵照汉语发音。不过，若要使用现代汉语发音加以推断的话，则必须是南方地区的方言。倘若使用普通话（以北京音为标准音）类推，发音倒不如日语来得更为精准。因为现代北京话的发音中剔除了精髓，变得"没血没肉"。

中国北方地区的方言在形成过程中，与异民族的不同的语言体系长期接触，如从塞外南下的匈奴，北方方言削除了其民族语言中难以发声的语音，吸收了余下部分。这与巴基斯坦的通用语——乌尔都语的由来极为相似。那时候敌军从中亚经由阿富汗，越过开伯尔山口进犯印度，他们原本使用的语言属于土耳其语系。然而中印当地人属雅利安系，使用印欧语系的语言。为了同语系全然不同的人们进行沟通，军方就减少了复杂的语法和发音，形成了现如今通用的乌尔都语。何谓"乌尔都"？该词属土耳其语系，意为"军营"。换言之，该词的语义转化大致因为进驻军团与当地住民交流的过程中，必须夹杂手势才能相互理解。

将无论如何都无法掌握的蒙古族、满族等少数民族的发音模糊化，便成了现在的北京话。这就如同是在激流的强烈冲击下，被磨平棱角的石头一般。其中，那些以"t、p、k"结尾的细致发音都被轻易舍弃了。但是，这些发音在韵文中却是极为重要。因此，若是用现在的北京话来朗读《唐诗选》等古老诗文的话，总觉缺个味儿。

举例来说，"德"字在现在北京话中的读音为"dé"。想必其古时的发音为"dek"。因为在北方地区，词尾"-k"的发音完全消失了。但在南方地区，情况则迥然不同。"德"字的闽南语读音为"tek"，粤语中为"tak"，香港的启德机场读作"kai tak"。在日语中，"德"字的读音为"toku"，也完全保留了词尾"-k"的发音。又如，"设"字在北京话中的读音为"shè"，但古时的发音应是促音性质（入声韵）的，如闽南语读音"set"、日语读音"setsu"等，均残留了古朴的读音。

陈寿于 3 世纪创作《三国志》，当时的发音显然与现在的发音之间存在着天壤之别。

较之汉代的音韵，魏晋南北朝时期留存于世的资料尚多，所以，那个时代的音韵自然就研究得更为透彻。其中，语言学家罗常培与周祖谟合著了《汉魏晋南北朝韵部演变研究》一书，汉学家高汉本也在古代汉语的音韵研究领域取得了丰硕的成果。

魏晋时期的音韵研究资料之所以丰富，是因为那个时代经历了建安文学兴盛期，诗歌等韵文大量问世。根据韵的读法，能够重新构建当时的音韵体系。不过，由于我对音韵一窍不通，所以只能直接利用先人的研究成果。

现代汉语中，"邪（yé）"与"牙（yá）"两字的读音间稍稍存在差异，但在魏晋南北朝时期的音韵体系中，两者完全相同。在大范围下，两者皆属于"歌韵部"，为其下属的平声"麻韵"。

"邪马台国"中的"马"字也同样属于"歌韵部"，是其下属的上声"马韵"。带有"邪"字的熟语为"辟邪"。

"辟邪"一词的内涵极为丰富。据其字义，意为"避开邪恶"。同时，它还是架空的神兽之名，其体态似鹿。所谓架空的神兽，即类似于龙、麒麟等神话动物。相传，刻有"辟邪"的印纽可用于"避邪"。当然，除印纽外，有时还将其铸烙在钟表上。吴大帝孙权随身佩戴的宝剑，名曰"辟邪"。魏明帝时期，将宫中侍奉之人称为"辟邪"。

比起曹操儿子的身份，曹植作为诗人更加闻名遐迩，著有长诗《大魏篇》。由于该诗为长诗，所以诗中数次使用了"脚韵（句末所押的韵）"，而在使用"歌韵部"的部分中出现了"辟邪"一词。

神鼎周四阿^a。

玉马充乘舆。
芝盖树九华^{ka}。

白虎戏西除。
含利从辟邪^{jya}。

骐骥蹑足舞。
凤凰拊翼歌^{ka}。

该诗每隔一句一押韵，其中的"阿、华、邪、歌"等字均为韵部相同的"亲戚"。

晋代诗人潘岳创作的两首《河阳县作》流传至今，其中一首通篇一韵。押韵的十三个字分别为，河、阿、波、华、柯、峨、讹、萝、邪、麻、和、歌、荷。

为慎重起见，在此引用最后的五韵。

> 朱博纠舒慢，楚风被琅邪。^(jya)
> 曲蓬何以直，托身依业麻。^(ma)
> 黔黎竟何常，政成在民和。^(wa)
> 位同单父邑，愧无子贱歌。^(ka)
> 岂敢陋微官，但恐忝所荷。^(ka)

其中琅邪为山东省的地名。

此外，晋代诗人张华著有《轻薄篇》。

> 簪珥或堕落，冠冕皆倾斜。^(jya)
> 酣饮终日夜，明灯继朝霞。^(ka)

以上标有音的汉字，其日语发音 (上标罗马音) 皆为 "邪" 字的 "兄弟"[1]。

4

我个人认为当时 "邪" 字的读音应为平声 "ya"。

在誊写文本之时，除误写和漏写外，还存在誊写者有意变换底本文字的情况。

---

[1] 因 "邪" 字在日语中的读音为 jia，而其余各字韵腹都为 "-a"，所以与 "邪" 相同，均押脚韵 "-a" 故称其为 "邪" 字的 "兄弟"。

在近九百年的抄本"接力"中,《三国志》得以传承至今。就其传承朝代而言,除去南北朝时期的北朝,其刊本历经刘、宋、齐、梁、陈等各朝代后,再历隋、唐、后梁、后晋、后汉、后周等再至北宋,南宋时代。中国古代,十分讲究避皇帝御讳。例如,南朝刘宋的初代皇帝名"刘裕",因此当时的抄本中不得使用"裕"字,原本使用"裕"字的地方就必须使用"丰""富"等近义字来代替。

事实上,所需避讳的不仅仅只是在位皇帝之名,就连已逝之人,如王朝创始人及立下丰功伟绩的皇帝名讳——若拿日本的情况来进行类比的话,就如明治天皇的名讳——也必须予以避讳。

明治时代,东京高等师范学校(现筑波大学)校长嘉纳治五郎为清政府派遣的留学生特设教育机构——弘文学院。当时,正值德宗光绪帝在位,御讳"载湉"。虽然那时已是清二百六十年(公元1895年),但清朝历史上曾诞生过一名贤明圣主——高宗乾隆帝,御讳"弘历(今为'历')"。他在位时间长达六十年之久,统治期间深得人心,功劳比肩康熙帝。因此,清朝留学生们担心若获得弘文学院的毕业证书,回国后恐怕会有所不便。于是,他们向学校申请变更校名,最终学校将"弘文学院"更名为"宏文学院"。乾隆帝之后,清代书籍中的"曆"字全部更换为"歷(今为'历')"。

再如,清朝末代皇帝宣统帝,御讳"溥仪"。清朝灭亡后,他在日本军部的扶持下重返帝王之位,成为"伪满洲国"的皇帝。在宣统帝即位之时,清末著名政治家,李鸿章的下属及袁世凯的同僚唐绍仪便将名字中的"仪"字更为"怡"。不过清朝灭亡后,他又再一次用回原名。抗战初期,日本军部在扶植汪精卫之前,拟利用唐绍仪建立傀儡政权。当时正值昭和十二、三年前后(1938年),这位政治人物早已年逾古稀,因对日方的提议稍有动心,最后遭人暗杀。

在中国,须避皇帝之名讳自不必说,家父之名也同样需要避讳。据说当时有人在科举考试中对家父之名不予避讳而名落孙山。但在日本,父母通常会将自己名字中的一个字用以孩子之名。这种情况在中国是绝对不允许的。中国家长给孩子取名字之时，至少不能使用祖宗七代的直系亲属之名，他们必须对其行祭祀之义务。

在《三国志》一书中，曹操实则是真正意义上的主人公。其父曹嵩，祖父则是宦官曹腾。因宦官去势后不具备生育能力，所以曹操的父亲为祖父曹腾的养子。据司马彪所著的部分《后汉书》记载可知，曹腾之父名叫"曹节"。此为问题之所在！曹操作为后汉皇室的外戚而权倾朝野，进入其子曹丕时代，甚至篡夺了汉室皇位。后汉末代皇帝为献帝，其后为曹操之女。据《三国志》记载，此女名"节"。若事实果真如此的话，则就成了曹操用曾祖父之名为女取名。这是根本不可能的！

这中间大概是出了什么差池吧。其中最具说服力的主张便是——"可能是誊写时的笔误。"《艺文类聚》[1]一书中引用了《后汉书》的部分内容，此书中就将曹操曾祖父之名记作"曹萌"。

"萌"字在写法上与"节（古为'節'）"字十分相似。在上文提及的新疆出土的晋代写本《吴志》残卷中，竹字头（⺮）的汉字一般都写作草字头（艹）。寥寥三百五十字的文章中，出现了四个竹字头的汉字，写法如下。

答→荅

策→萗

管→菅

等→荨

若当时那个朝代真的存在这种书写习惯的话，"萌""节（節）"二字确实极容易混淆。

刘永，刘备庶子，后主刘禅庶弟。在《三国志·蜀志》中，当册封为

---

[1]《艺文类聚》：中国现存的最早的完整官修类书，唐代四大类书之一，由欧阳询等十余人于公元 624 年编纂。

鲁王之时，策说："世兹懿美。""懿美"二字为赞美之辞，意为美好的事物。但是，"懿"字触犯了西晋王朝的奠基人——司马懿的御讳。曹魏灭亡蜀汉后，刘永迁往洛阳，受魏国官爵。《三国志》的作者陈寿是晋朝臣民，形容词中应当避讳使用"懿"字。清代周寿昌在其著作《三国志注证遗》一书记载为："此懿字恐亦当避疑字有误也。"由于这里本应使用其他汉字，所以该字恐怕有误。不过，至于何字正确，至今尚且成谜。

随着晋朝的灭亡，"懿"字的禁忌也就解除了。后世的书写者或许会按自己的个人喜好使用该字。

此外，《三国志》中记载着孟光因直言不讳，故为世人所嫌，原文载曰"为代所嫌"。对此，周寿昌注解道："代"字的地方原本应为"世"，但唐代的书写者以"代"替"世"。

"世""代"二字意思极为相近，我们经常将其连用为"世代"一词。在无法使用"世"字的情况下，人们就会想到用"代"字代之。

唐代的开国皇帝是高祖李渊，其后继位的太宗李世民则是开国大勋臣。世人皆认为太宗李世民青出于蓝而胜于蓝，是位贤于父君的出色君王，他为唐朝盛世奠定了重要基础。在唐朝存续的近三百年的时间中，太宗被誉为空前绝后的圣明君主。与清代康熙帝一样，唐代必须避讳唐太宗的御讳，禁用"世""民"二字。

《后汉书》中记载着刺杀扦州刺史张益的故事。关于此人姓名，《后汉书》中记为"张懿"，宋本和《华阳国志》[1]中皆记作"张壹"。"益"字与"懿"同音，"壹"字则为"懿"的左半部分。如此看来，想必是为了避司马懿之名讳。

刘备的皇后——穆皇后，其兄长便是吴壹。但在《华阳国志》中，却记其为"吴懿"。

在《三国志》的抄本年代中，因存在错字别字及故意换字等现象，所

---

[1]《华阳国志》：东晋时期的中国西南地区的地方志著作，常璩所著。

以我们无法将汉字视为金科玉律。

5

陈寿所著的《三国志》因文字精简凝练而广为人知，它也因此成为正史的书写范本。不过，由于文字极为简洁，所以在没有注释的情况下，我们很难领会到历史的丰满。自裴松之为《三国志》作详细的注解以来，原本简洁的语言才显得绘声绘色。

在阅读《三国志》原文的过程中，由于文字过于精简，所以读者容易感到焦躁不安。若像我这般抱着创作小说的目的进行阅读的话，焦躁之心更甚。因此，裴松之的注解着实帮了大忙！

话虽如此，裴注过于详细的注释也有时也会扫了读者的兴致。于小说而言，虚构极为重要。若在本应插入虚构的情节处加入极尽翔实的注解的话，有时读者也会连连摇头。

书籍是富有生命的。若将其置于案头三年以上，就能深切地体会到这一点，从中也能感受到陈寿及裴松之的呼吸。同时，大量在小说中登场的人物也跃然纸上。

历史必须正确，但是小说的第一要义却是"活"——在抚摸案头的《三国志》时，我的脑海中涌现了这般想法。

在短短两周的美国之行中，带上什么书合适呢？我为此事烦恼不已。若书籍过大或是过重，造成大负担的话，旅途中难免觉得麻烦。但又因自身年纪的缘故，字小的书本不仅仅会造成视觉疲劳，连神经也会深感疲惫，因而也不合心意。当然，带上的最好还是那种想看却迟迟未看的书籍。经过一番综合考虑，我最终决定带上从北京邮寄而来的《李自成》一书，该书出自姚雪垠[1]之手。虽然也会担心自己在旅途中没有时间阅读，但不管三七二十一，先丢进包里再说。

姚雪垠所著的《李自成》一书属于历史小说，且是一部真正的长篇历史小说，在 1963 年首次亮相各大书店。民众们如饥似渴地想要阅读此类掷地有声的历史小说，因此为购得此书，在书店门口大排长龙。

《李自成》这部长篇小说共分五卷，至今仍未全部完工。第一卷于 1963 年付梓，但有一段时间因历史原因从书店下架了。1975 年，失去执笔创作机会的姚雪垠直接给毛泽东写了一封长信。那时，他已完成《李自成》的第二卷。据说，他打算完成全五卷后，接着创作有关太平天国运动

---

[1] 姚雪垠（公元 1910 年—公元 1999 年）：原名姚冠三，河南邓州人，中国现代著名小说家。

的长篇小说，并定书名为《天京悲剧》。虽然不知他的确切年纪，但他本人坦言："打算在七十五岁后开始执笔《天京悲剧》。"由此，可大致推知他已年过七旬。

《李自成》第一卷和第二卷虽然都已刊行问世，但我手头仅有第一卷，含上、下两册。据说至第二卷完结为止，小说字数共计一百三十万，且计划在五卷全部完工时的总字数达到三百万。

在此，容我插入些题外话。全世界似乎只有日本一个国家是根据纸张页数来支付稿酬的。日本的原稿纸为四百字，一旦换行或加入对话，作品的实际字数则远不足四百字。且不说高桥和巳[1]及野坂昭如[2]等作家的写作方式，就算是普通的创作情况也是如此，例如，有时一行中仅有一个字"啊……"。作品字数虽不尽相同，却一律按照页数支付稿酬，这种方式令我深感其中的不公。

书写洋文的国家皆以字数计算稿酬，当然，中国也是如此——我曾在香港询问过此事，得知他们的稿酬也是按字数计算。去年逗留北京之际，我被要求提交一份万分紧急的稿件，但因身边没有原稿纸，便急忙赶往琉璃厂的荣宝斋购买。在我落笔书写的过程中，总觉得哪里不大对劲。仔细一瞧，发现原稿纸下方印着"18×24=432"的字样。啊……原来这是四百三十二字的原稿纸啊！此时，我心中立马涌现出了一个丑陋的想法——若这也同样按照一页来算的话，我不就亏大了嘛。不过幸运的是，在"字数至上"的中国，一页纸有多少字都无关紧要。因为不管是哪种原稿纸，都按字数计算稿酬。

倘若单纯按四百字一页来算，三百万字则相当于七千五百页。不过，

---

[1] 高桥和巳（公元 1931 年—公元 1971 年）：生于大阪，日本作家，曾任立命馆大学讲师，因《悲器》一书备受文坛好评，代表作《日本的魔鬼》《邪宗门》《李商隐》《文学的责任》等。

[2] 野坂昭如（公元 1930 年—公元 2015 年）：生于镰仓，日本著名作家、剧作家、作词家、歌手，曾获直木奖。代表作《萤火虫之墓》《黄色大师》《美国羊栖菜》，战争童话《小菊与狼》《两个胡桃》《化作风筝的妈妈》等。

这仅仅只是没有换行、没有标点的纯字数情况。因此，实际上这部小说的总页数已逾八千。再者，日语中除了助词之外，还有大量假名。虽然也因文章性质的不同而有所差别，但将汉语文章译成日语文章的过程中，译文字数有时能多达原文字数的两倍。字数一旦翻倍，《李自成》这部小说就是一部不折不扣的鸿篇巨制——长达一万六千页纸的长篇历史小说。

第一卷序文中标注的时间为 1977 年 5 月。虽然《李自成》全五卷的完成率尚未过半，但在"四人帮"被粉碎后，社会写作环境好转，因此该书全卷的问世也指日可待。不仅如此，作者也极有可能实现夙愿，完成《天京悲剧》一书。在此祈愿老作家身体健康，再接再厉。

数百万人曾如饥似渴地阅读这部长篇历史小说。因此，只要书迷们聚集一处，他们就会始终兴致盎然地谈论《李自成》一书。不仅如此，即便是在读书同好会上，该书也时常荣登话题榜。

除接连不断的赞誉之声外，自然也存在着批判声。报纸上也时常会登载出民众反响的一些片段，例如，有人抱怨道："在饥荒之际，叛党首领李自成只是一味地将重点置于分配粮食给劳苦大众上面，而没能进一步将土地分给他们。"此外，还有人批评道："小说登场的人物中，存在过于现代化的历史人物。"该小说是作者在历史唯物主义的思想指导下创作而成的，但在故事所描述的年代中尚未存在马克思列宁主义。三百多年前，虽然涌现出了适应时代潮流的造反者，但过于现代性的人物跃然纸上或许会令人深感乏味。不过，我也只是"道听途说"，在报纸上看到过这些批判罢了。鉴于接下来打算好好体味原作，所以不能过多地深入研究这些批判性言论。

作者姚雪垠坦言："在小说创作之际，我采用了革命浪漫主义的艺术手法，但这终究只是辅助，并不是主要的。该小说的基本创作手法则是现实主义。"看来作者坚持的信念是，浪漫主义不过是现实主义的补充。

如前文所述，1963 年《李自成》第一卷问世，却又立马被迫下架。当时对此书的批判主要集中在以下三点。

姚雪垠笔下的李自成拥有"帝王思想"，持有"天命观"并且不反对孔子、不反对儒教。但在当时，推翻明王朝统治的农民起义领袖李自成必须是一位没有"帝王思想"、没有"天命观"且坚定地站在"批孔"立场上的英雄人物。

在1977年版的小说序文中，姚雪垠对这些批评进行了回应，他说："李自成原为闯王高迎祥的部将，而后继承其位成为'闯王'。公元1643年春，称'新顺王'，翌年正月又改称'大顺皇帝'，李自成称王称帝是千真万确的史实。且自秦末至清末的两千多年间，农民起义的领袖中没有一人能够脱离帝王思想及皇权思想。"当然，他的这一主张完全正确。在两千多年的封建历史中，想必人们做梦都没有想到除封建制度以外，还存在别的政治制度。即便是造反，领导人起初也只是打出"替皇帝除奸臣"的旗号来号召百姓。通常情况下，起义都始于反对贪污腐败的大贪官，但不反对皇帝。

一旦拥有帝王思想及皇权思想，自然也就持有天命观。皇帝受天命而对天下进行统治是封建社会无法撼动的信仰。从李自成将新政权的国号定为"大顺"这一举动中，不难窥知他持有天命观。所谓"顺天应人"，即是"顺应天命，合乎人心"之意。此外，大顺帝国中丞相一职的正式名称为"天佑殿大学士"。想来，只有秉持天命观的人才会选择使用这样的称号吧。

在治理大顺帝国时，李自成积极地汲取孔孟之道的教义及重用儒生。自"牛金星"这位精通儒学的大师加入统治集团后，李自成时常命他讲解经书，自己则专心聆听。他本人虽胸无点墨，但这并不等同于他"批孔反孔"。虽然有人会反驳："李自成攻陷襄阳，残杀百余名儒生就是他'批孔'的绝佳证明。"不过值得注意的是，他大肆杀伐的原因并非他们的身份是儒生，而是因为他们追随张永祺[1]，并且协助汪乔年[2]拼死守护襄阳城。

---

[1] 张永祺（？—公元1662年）：崇祯年间守卫襄城，抵抗李自成，后来城陷被俘，最终得释，寿终。

[2] 汪乔年（公元1585年—公元1642年）：明末大臣，曾奉命掘李自成祖坟，于襄城沦陷时不屈而死。

不管是儒生还是僧侣，李自成杀害他们的原因仅仅只是因为他们同自己为敌。正如中世纪欧洲的农民团结一致信仰基督教一般，李自成也利用孔孟之道组织封建社会的农民奋起反抗，这不足为怪。

姚雪垠坚定地主张道："即便我们有权对史实加以历史唯物主义的解释，但是我们无权否认史实。"

同时他还强调道："他（李自成）是三百多年前的农民英雄，不是20世纪的无产阶级英雄。"事实的确如他所言。即便作者在创作的过程中始终带着这样的心情，但读者还是觉得小说中出场的人物太具现代性特征，与历史不相符合。作为历史小说的实际创作者，我也必须时刻提醒自己要多加注意。

再者，还有人虽承认李自成拥有"帝王思想"，持有"天命观"且肯定孔孟之道，但是将其失败的原因归咎于他未能脱离这些思想。对此，作者姚雪垠认为李自成的失败另有原因。何出此言？因为当时社会上根本不存在能够跳出此类思想之人，但并非人人都以失败告终，清朝就成功建立起了新政权。

关于李自成失败的原因，我已在本书中做过详细的论述。姚雪垠也提前在序文中作了简要说明。作为此部佳作的读者，本人甚感欣然，所以毅然决定把此书当作此次的"旅友"。

我曾在自己创作的小说《风啊云啊》中，提及过李自成。但由于这部小说的主人公是郑成功之父——郑芝龙，所以李自成只是个次要的配角。姚雪垠能够自由利用湖北省图书馆，而我只能依靠手中仅有的资料进行创作，所以对于李自成的认识也远远不及老先生。

在我的小说中，李自成起初也是个无赖，自从萌生了夺取政权的意识后才渐渐端正态度，洗心革面。在"文革"期间，李自成等人被完全理想化了。因此，我在将《风啊云啊》这部小说赠予中国友人之时，顺带添了一句，"由于本人对李自成的研究尚未成熟，望你在阅读之时做好这种心理准备。"确实，由于我未对李自成进行深入的研究，所以看法必然不够成熟。如今，我也没有必要对此话语进行更正。我在反对"四人帮"将李自成理想化这一点上，看法也难免稚嫩，但在创作过程中却始终坚持贯彻自己的想法，令人稍感欣慰。

李自成出身驿卒，即运输工作者。在当时的劳动者群体中，从事该职业的人拥有最丰富的信息资源。和远道而来的同行进行交往的过程中，他们能够获悉天南海北的传闻。想必正是如此丰富的信息资源，造就了李自成这位农民起义军的领袖吧。

1

　　驿卒出身的李自成无疑属于底层民众。就当时社会的文化水平而言，他可谓上知天文下知地理的博学之士。驿卒，即驿站士卒，古代负责传递朝廷公文之人。因此，他们会接触到大量的旅行者。当然，他们有时也会因工作需要短暂地赴外地旅行。虽说是"旅行"，其实也不过就是挑担行李的搬运旅行罢了。他们持有极为丰富的信息，谙熟其他地方的情况。

　　明代的驿站制度由国家维系，年经费为七十万两白银。明末，朝廷为了节约这部分成本，废除了该制度。为了同雄起东北的满洲军交战，国家削减了一切不必要、不紧急的开支。然而，难道驿站制度真的是可有可无的吗？搬运货物，递送邮件的工作几乎都是雇用平民百姓。

　　不言而喻，驿站制度的废除导致了驿卒们纷纷失业。但他们不是普通的失业者，他们比常人掌握着更多的信息，且在全国范围内存在同行间自发形成的组织。一旦出现优秀的领导者，该组织就能得到巩固和强化，进而成为强有力的反体制集团。遗憾的是，明政府对此一无所知，全然不当一回事儿，甚至高傲地轻视道："驿卒之流罢了，何足为惧？"或许他们真的只是一群生活在底层的驿卒，但却比出入宫殿宅邸、位列庙堂的身居高位的朝中大臣们更熟悉天下形势。

将朝廷出资运作的制度仅仅视为是对民间的恩惠，此为明代政治家们的愚钝之处。驿站这类制度虽大用民间资源，却可借此来安定民生，维持社会稳定。于国家而言，可谓大有裨益。虽然因该制度的废止，明政府每年能够节省七十万两白银的开支，但朝廷却失去了更为珍贵的东西——"民心"。

失业后的李自成成了起义军首领，举兵进攻北京，步步紧逼明朝崇祯帝，最终逼得他在紫禁城后的景山上自缢身亡。废除驿站制度的这一举动，可谓明朝自取灭亡之举啊！

"旅"字的字形为旗下两个"人"。古代的旅行必须在旗的庇护下进行，这种形式的旅行就是军队或是前去服徭役之人的旅行，其中必有领队。领队实际举着军旗旅行，由朝廷授予一定的权限，他所拥有的权威就是所谓的"旗"。即便在后世中，有人若想前赴他国，就必须寻求当地权威的庇护。

除去军队和服役队伍，还有其他各路人士需要四处游历，上至调职官员，下至运输工人、小商人及江湖艺人。若是调职的官员，因全国各地都设有官府，所以他们能够享有住宿等特别待遇。

那么，运输工人又是委身于什么"旗"下呢？他们并非寻求官府庇护，而是依仗当地同一条道上的权威人士。举具体例子来说，生活在 A 地区的运输者假如要往 B 地区运送货物，那么他一旦进入 B 地区就会身处危险之中，运输的货物极有可能遭到洗劫。因此，他必须事先和 B 地区的头领打好招呼。

运输人员担心的不仅仅只是专业盗贼，他们还不放心种地耕田的"良民"，因为不确定"良民"何时会变为盗匪。但只要当地头领下以严令——"不许动他"，手下之人就绝不会出手。因为一旦不服从命令，前头就会有令人发怵的责罚等着他们。

反之，B 地区的居民前往 A 地区时，就必须事先同 A 地区的头领打好招呼。两地区间相互守护。若说这成不了组织，必定是假话。暂且不说组织的纽带强弱，但必定会形成相互庇护的组织。若没有该组织的存在，运输业等工作也就不复存在了吧。

当时社会上存在"青帮"。该组织与"红帮"相比肩，作为晚清民国时期的帮会组织而为世人所知。就该组织的诞生一事，众说纷纭。但毋庸置疑的是，青帮由水夫组织发展而来。

经由河流、运河等水路交通，人们从长江沿岸向首都运输大量货物。其中不仅仅有贡品，还有粮食等生活必需品，因为当时北方地区的粮食也基本依赖南方地区供给。因此，在连接南北地区的河流、湖泊沼泽及运河上，漂浮着不计其数的船只。

船上必有水夫。同陆路一样，水路上也横行着江贼、湖贼等各路盗贼。《水浒传》中登场的梁山泊豪杰们正是此类人物。

水夫为确保自身安全，会事先与各地头领结缘。若事先同来往的其他水夫拜把子的话，就不会遭遇袭击、抢劫等危险。结义血盟越是郑重则越有效，因为形式越郑重，结义者之间的关系就感觉被联结得越亲密。在结义血盟中，会召唤神灵。在神灵前起誓之举尤其拥有巨大权威。世人称此种仪式为"水夫设教"。

由于各地的水夫结成兄弟关系后仗势欺人、干尽坏事，所以清朝频频颁布"水夫设教禁令"。

水夫社教，结成血盟关系的这一举动原本只是为了确保自身安全，并非是为了干坏事。但随着同伴人数增多，他们就变得无所畏惧，蛮不讲理，干出些目不忍睹的丑事来。水夫性情粗暴，本身就是一大麻烦，但清政府颁布"设教禁令"的最大理由是因为畏惧他们的组织势力。

当渐趋膨胀的组织势力大大倾向反体制时，往往会动摇国家的根基。因此清政府认为，若不事先将该势力扼杀在摇篮中，日后必定后患无穷。

清朝一定深入研究过前朝（明王朝）灭亡的原因，以李自成等驿卒为核心的组织推翻了明王朝的统治。水夫与驿卒极为相似，均是游历各地、见多识广之人，所以清政府当局对"水夫设教"保持着高度的警戒心也是理所当然之事。

但于水夫们而言，建立一定程度的组织有利于确保自身安全，所以不可能停止"设教"活动。不过他们若一直被清政府怀疑的话，也相当难办。于是，他们就将自己的组织命名为"安清帮"，意为"该组织将'令清朝安心'奉为信条"，在组织名称中明确表示"决不反体制"。渐渐地，该组织就被略称为"清帮"，随后三点水也省去，成了"青帮"。

2

清政府身处内忧外患中，最终在 1911 年，即辛亥年，土崩瓦解。当然，它在此之前就已然为一具"死尸"。所谓"外患"，就是以鸦片战争为首，相继爆发了第二次鸦片战争（即亚罗号战争）、中法战争、中日甲午战争、义和团事变等。

何谓"亚罗号战争"？在英国商船——亚罗号上进行鸦片临检时引发纷争，结果导致鸦片贸易在"洋药"这一名字下为清政府所认可。这场战争始于鸦片也终于鸦片，所以称为"第二次鸦片战争"或许更为合适。中国很早就称其为"第二次鸦片战争"，但在西欧历史上不曾这样称呼，因为该名称听起来有损名声。

接下来简要介绍下清朝的"内忧"情况，其中不得不提的便是太平天国运动。曾国藩所率领的湘军同李鸿章所率领的淮军，最终虽镇压住了太平天国叛军，但国力却因此大大衰微，对"外患"的抵抗力也随之减弱。虽然此次战斗以太平天国一方的失败告终，但正是此次抗争将清政府引向了灭亡的深渊。

1850 年，即鸦片战争十年后，太平天国军毅然奋起，大力反抗清政府的统治。在这场由贫困书生洪秀全领导的反清抗争中，他的麾下集结了各方势力。其中，各方势力中极为重要的便是运输业者组织。鸦片战争失败后，清政府被迫签订了《南京条约》。在该条约中，规定开放上海等通商口岸。此前，由广东运往长江流域的货物几乎都走陆路 (虽然有时也会利用内陆河川)，随着该条约的签订，经由上海的海路运输成为运输主流。

受此影响，陆路运输业者们几乎都下岗了。这就酷似明朝末年的情况——因驿站制度的废除造成大量驿卒失业。只是明末的驿站制度是政府设立又废止的，而清末的运输业者均为平民百姓，他们的失业是运输体系的巨大变动所导致的。

1978 年 8 月至 9 月期间，我曾到江西旅游。由于此次旅行时间十分紧凑，我等不及一周两趟往返北京—南昌—福州三地的航班，所以最终选择了长达三十六小时的铁路之旅。在从北京经由武汉、长沙前往南昌的列车上，我满心期待着一睹武汉长江大桥之风采。但遗憾的是，火车经过大桥时恰逢深夜，外面一片漆黑，即便睁大眼睛也什么都看不到。

我为何如此想看一看武汉长江大桥呢？因为据史书得知，如今武汉长江大桥搭建的位置，恰好就是一百二十多年前太平天国军搭建"浮桥"的位置。

"浮桥"即为临时大桥，在并排的船只上搭设木板而成。古往今来，此方法经常用于战争中。不过，浮桥几乎都是架设在中小河流之上。若要在长江、黄河等大江大河上架设"浮桥"，则是相当困难的工程。武汉长江大桥及南京长江大桥，这两座庄严的大铁桥均是在新中国成立之后建成，此前长江上并没有飞跨两岸的"桥梁"。

不过，历史上曾有两次在滔滔的长江之上搭设了临时浮桥。上文提及的太平天国军所搭设的浮桥是在 1852 年。另一次则发生在宋朝开宝七年（公元 974 年），即宋朝开国皇帝宋太祖在位末年，比太平天国军搭设的浮桥早了近八百八十个年头。唐朝灭亡后，中国历史曾进入"五代"时期，但这一地方政权很快就灭亡了，随后由宋朝实现了国家的基本统一。但是，当时在南部地区还存在一个地方政权——南唐。

当时，南唐的君主就是世人称为"南唐后主"的诗人——李煜。此人精通诗词，在岩波书店[1]出版的《中国诗人选集》中，有一册书就是以"李煜"之名命名的。在讨伐南唐时，宋朝采用了江南进士樊若水的计策——在长江上搭建浮桥，让宋朝大军渡江攻打南唐。

这便是历史上的首座长江浮桥，坐落于安徽省当涂县的采石矶。总而言之，这是史无前例的壮举。然而，由于对搭设浮桥一事毫无把握，所以就连宋朝的作战部队也大力反对。

在封建时代的中国，"史无前例"这一说辞是反对新尝试时的决定性依据，但是宋太祖却执意为之。不过由于群臣们仍觉不安，所以他决定在实战前测试一下。

要想建成浮桥，首先必须大造船只。据说当时宋太祖下令建造了数千艘黄黑龙船。虽然后世的我们已无从得知黄黑龙船究竟是什么样子，但此类船只的作用仅仅是搭载桥梁。并且在搭设时以大舰载"巨竹絙"，至于"巨竹絙"为何物，我们也只能加以推测。由汉字推知，浮桥的桥身部分使用了竹子建成。战前试验于石牌口[2]进行，三日之后立马移至采石矶。

南唐后主李煜得知宋军在长江上架浮桥一事后，便去询问颇有学识的老臣。

老臣答道："有史以来，长江之上从未架设过桥梁。"

"是啊，我也认为这不过是儿戏罢了。"李煜甚至还高傲地认为，"怎么可能在长江上架桥嘛。"他们这种轻敌的态度不可取。同时他们一味遵照前例，认为史书没有记载之事就不可能实现，这种思维方式也不可取。宋军"渡江若履平地"，一个接一个地从采石矶渡过长江。此时，南唐后

---

[1] 岩波书店：日本出版社，成立于1913年。

[2] 石牌口：原文作"石牌口"，但在《宋史·列传·卷二百三十七·世家一·南唐李氏》中，作"石牌口"。

主惊愕不已，惊恐万分。总之，他必须先去破坏这座浮桥，阻断宋军渡江的道路。于是，他命人制作巨大的竹筏，连其成一片，随后令装甲士兵乘坐其中，再从上流顺势而下，冲向浮桥。此举的目的就是利用激流冲坏浮桥。

遗憾的是，大竹筏群在途中被宋军抓捕歼灭，后主李煜出降，南唐覆灭。

3

继宋太祖在长江造浮桥八百八十年后，太平天国军也在长江上架设浮桥，浮桥位于湖北武汉。此工程始于阴历十月初，天气已渐渐转凉，此时的水上工作算不上艰难。武汉的夏季是出了名的炎热，为全国三大火炉城市之一，所以在天气转凉后开始浮桥搭设工作更为合适。太平军首先占领汉阳，驻军鹦鹉洲，休兵数日。《镜山野史》[1] 一书中记载："用艨艟大舰排挤江心，取鹦鹉洲木条，汉阳城内板片，面搭浮桥数座，直贯武昌城下。"由于文中记载着"数座浮桥"，所以当时太平天国军搭设的浮桥不仅仅只是一座，据说一共为三座。虽然我们不知"艨艟大舰"是多大的大船，但长江时常波涛汹涌，绝非小舟小船所能应付的。就在三座浮桥竣工后的第九天，风急浪高，三座浮桥悉数被冲毁了。翌日，太平军立马对其进行修复。为了加固接口，将二三十公斤的铁锚沉入海底以稳固桥梁。如此一来，太平天国军便能自由地穿梭在长江两岸了。

不过，清军的攻势日益猛烈。在浮桥竣工不到一个月的时间里，清军又重新夺回武昌。太平天国军渡过浮桥退守汉口，在全军撤退后一把火烧毁了浮桥。

在太平天国军中，提议在长江上建造浮桥的人是湖南水夫唐正财。太

---

[1]《镜山野史》：清代李汝昭所著，一本杂史。

平天国东王杨秀清擢升他为"殿左五指挥"，随后封其为"航王"。

以上与浮桥相关的记述均取自唐寰澄[1]所著的《中国古代桥梁》，此书于 1957 年北京文物出版社出版发行。此书考证了太平天国时期搭设的浮桥位置，就是如今武汉长江大桥所在的位置。我在查阅太平天国相关资料时获悉了这些知识，所以满心期待地想要看看那里。北京始发的火车于傍晚时分到达许昌，经过信阳之时已是晚上十点四十分，车窗外漆黑一片。大概在凌晨三点时分，火车驶过了武汉长江大桥。翌日清晨，我醒来、起床、洗漱完毕后，于餐车内用完早餐，便到达了汨罗车站。

说起汨罗，便会立马想到屈原，想到这里曾是楚国领地，即现在的湖南。上午九点火车到达长沙，正午过后，就已从湖南驶入江西境内。在我的备忘录中，记有以下文字："宜春车站 下午一点二十五分到 爆竹。"火车进站不久后，站台上便响起了一阵爆竹声。于是我就向同车的乘客打听原因，这才知道这是当地为了欢迎新领导——革命委员会主任及副主任到任。

听着宜春车站的爆竹声，我不禁想到了在《中国古代桥梁》一书中，刊载着江西宜春浮桥的照片。

无论是宋代初年架设在长江上的采石矶浮桥，还是太平天国时期的武汉浮桥，如今都已不复存在。因此我们只能通过对架设在中小河流上的其他"浮桥"进行"扩大想象"，进而大致推测它们当年的模样。上文提及的著作中，作者介绍了几枚现存浮桥的照片。四川省境内的浮桥数目较多，如四川内江浮桥、夹江浮桥、重庆浮桥等。桂林的漓江、福建泉州也存在浮桥。不过，江西宜春浮桥最为壮观，照片中还能看到河面上的船只排列得整齐有序，并且浮桥上还设有栏杆。

由于此书已出版了二十多个年头，所以如今的情况可能有所改变。其

---

[1] 唐寰澄（公元 1926 年—公元 2014 年）：中国著名桥梁设计师，武汉长江大桥总体设计组成员，中铁大桥局高级技术顾问。

老照片中的宜春浮桥

中的几座，甚至是所有的浮桥或许都已变为了普通桥梁。当我询问同车的乘客宜春浮桥是否依旧存在？得到的结果却是无人知晓。从车窗往外望去，车站附近看不到河流的踪迹，所以丝毫没有证实之法。

总之，在照片的基础上进行扩大想象就可知长江浮桥是何等壮观！

4

此次江西之旅中，我首先到访了南昌，随后前往目的地——瓷都景德镇。上午七点半我与同行者乘坐汽车从南昌出发，约傍晚时分抵达景德镇。由于两地距离不远，所以我们在途经的万年县用了午餐，好好休息了一番后才继续前进。

清·景德镇窑
黄地粉彩瓷"富贵吉祥"花盆
中国台北故宫博物院藏

　　我对景德镇的城镇特征抱有浓厚的兴趣。该城镇因瓷而生，因瓷而闻名遐迩。北宋真宗景德年间（公元 1004 年—公元 1007 年）在此设置镇守营，故而得名"景德镇"。北宋年间十分流行用年号给城镇命名。再如，扬名中外的绍兴，作为名酒产地和文豪鲁迅的故乡，也是于绍兴年间（公元 1131 年—公元 1162 年）得此名。如今浙江省的宁波市也曾在庆元年间（公元 1195 年—公元 1200 年）更名为庆元。

　　景德镇附近有一座山，名字是毫无意趣的"高岭"。如今，国际上将瓷土命名为"KAOLIN"，其名称正是来源于此山。不单单只是高岭，景德镇附近所有的山岭都盛产瓷土，所以可以说此地的瓷器原料是取之不尽

宋 · 景德镇窑
青白瓷菊瓣盒
底印"段家盒子记"
中国台北故宫博物院藏

用之不竭的。这大概就是制瓷的最佳选址地吧。景德镇作为瓷都而欣欣向
荣，当地盛产的白瓷令无数世人为之倾倒。不过，中国人的审美渐渐从白
瓷转向了青瓷。因此，龙泉窑作为青瓷产地而日益繁荣。相反，景德镇却
日渐式微。

　　不过，景德镇在独特的白色瓷器上施以彩绘，使得处在垂死边缘的它
再一次恢复了生机与活力。元朝，青钴颜料经由西域流入中国，景德镇的
青花瓷便开始风靡世间。明朝迎来全盛时期的红彩，也是在景德镇的白瓷
之上创烧而成。进入清朝之后，它依旧作为官窑蒸蒸日上。该地区出现了
大量从事陶瓷相关产业的工作者。

　　与陶瓷相关的闲话先暂且告一段落，让我们再一次回到清末太平天国时代吧。

　　太平天国军以怒涛之势攻下长江，占领南京，建立新政权，同时将其更名为"天京"。抗战时期，日本侵占中国领土的战略就是点与线——占领几座大城市，并拼尽全力保住连接各大都市的联络路线。太平天国以天京为出发地的战略选择其实同日本一样，不是个好选择。虽然在金田村奋起反抗的百姓人数成百上千，但不管怎么说这都只是少数人的反抗。

　　太平天国军从广西金田村出发抵达永安、桂林，进入湖南境内，再从长沙北上进入湖北。他们在占领武汉之时，手中已掌握了百万大军和不计其数的船只。他们以这般气势攻下长江，攻克了南京。为了攻陷南京——天下副中心，太平天国军必须投入所有兵力进行奋战。

　　眼看着太平天国军就要攻下南京了。但在他们攻陷途中城市的过程中，由于清军一方顽强抵抗，所以常常会出现久攻不下的情况。此时，他们就会选择放弃攻占，继续前进。在广西第一要地——桂林久攻不下之时，他们便解除了对桂林的包围，转而进攻湖南。长沙的情况也是如此，他们眼看着很快就能攻下，但鉴于清军很可能会从没有沦陷的城市发起追击，所以他们迫不及待地向前进发了。

　　在百万大军中，大部分士兵都是在湖南、湖北两地加入的。唐正财也是在湖南加入太平天国军的，他曾提议在长江上搭建浮桥，而后擢升为"航王"。太平天国军虽占领了武汉，却考虑到攻略南京一事，无法在武汉留下足够的兵力。若将手下的兵力分散开来的话，既无法夺取南京，也无法守住武汉，所以必须在"南京"与"武汉"之间二者则一。他们让几乎所有的兵力向南京进发，也就意味着准备放弃武汉。事实上，太平天国军刚撤离不久，武汉就轻而易举地被清军夺了回去。

　　攻下南京，即天京之时，太平天国军的势力尚未形成点与线，仅仅只是个点而已。只要是政权，就必须拥有可支配的土地，必须确保所占领的势力范围是"面"。太平天国军以天京为中心，努力将"面"扩大到江南、江北。为此，他们抓住人心至关重要。

这些地区的百姓几乎都是农民。若这些被束缚于土地之上的农民热情不够高昂的话，则根本无法实现革新。太平天国军的计划本来就起步迟了，而且让百姓们适应新事物需要花费一定的时间。因此，太平天国的领导阶层想必是花了一番大功夫。

相对而言，景德镇的百姓们足以令太平天国军感到安心。这些陶瓷工人为清政府官窑卖命劳作，抗争意识极高，立马加入造反队伍中。清政府针对陶瓷产业的压榨机制，他们人人心知肚明。景德镇的工人们高度团结，他们被指派到各个领域，进行陶瓷制作的分工协助——陶土、瓷土的搬运工、碎石工，粉末精选工，辘轳台的转动工、彩绘工，燃料木材的砍伐工、烧火工人，为包装成品而编竹笼的编织工，成品搬运工等，在阅读《景德镇陶录》[1] 一书时，我也因陶瓷产业的分工之精细而大为震惊。

举例说明，即便是一个瓷壶上的红彩彩绘，也存在着更为精细的分工。瓷壶上下大致存在两种装饰性的设计，中央是主图，一般绘有金鱼及花鸟山水等。上中下三个部分的彩绘分别由不同的人负责完成。负责绘制瓷壶下部格子花纹的工人从早到晚只管绘制。二流彩绘师负责绘制瓷壶的上下部分，若成了一流大师，就可优先绘制中央的主图。

接下来再容我插句闲话，中国红彩的有趣之处正是在于其设计中包含着立体感。具体而言，主图仿佛是悬于瓷器之上，直逼鉴赏者心田。这或许是因为中央的主图与瓶身上下部分的拙劣线条形成对比后，会显得尤为突出。日本几乎不存在这样的分工，"名匠"通常独自承办所有事务。虽然我也不知道他们到底是不是独自完成，还是说这仅仅只是场面话而已，但是任清、乾山、河井宽太郎等人的作品都冠以个人之名。中国则根本不存在这样的情况。

---

[1]《景德镇陶录》：首次出版于嘉庆二十年（公元 1815 年），原著为清代景德镇人蓝浦。

　　虽然《景德镇陶录》一书中出现了几位"陶瓷名匠"的大名，但却没有出自这些大师之手的作品。大概是因为任何一件作品的问世，都必须经过多人的分工合作才能实现吧。以"祥瑞手"之名为日本民众所熟知的吴祥瑞其实并非陶匠，而应视其为陶商。商号也非"作家"之名。

　　为了使分工协作体系顺利运行，少不了员工之间的交流与沟通。若个个都是自顾自做事的话，根本做不成活儿。虽说是"分工"，其实都与陶瓷制作工作相关。举例而言，制作素胚的工人建议掘土工："这次的瓷土黏度不够，你们换个地儿再挖吧。"窑厂上的工人向燃料砍伐工诉苦说：

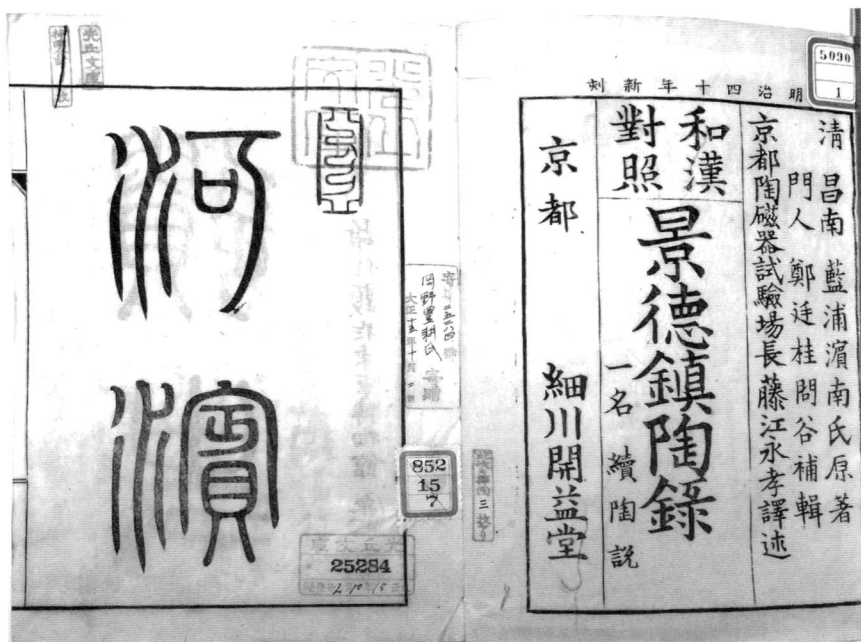

《和汉对照：景德镇陶录》（部分）1881 年
清·蓝浦原著
长藤江永孝译
国文学研究资料馆藏（日本）

"那一带松木的松脂太多了，反而难办啊。"即便是建议、诉苦，但交流总归就是交流。在交流中，员工间变得更为团结，组织凝聚力增强。

同周围的农民相比，景德镇的百姓们抢先一步加入太平天国运动中。太平天国军与清军反复进行激烈交战时，景德镇的士兵们成为精兵参与战斗。直至今日，景德镇附近都还留着数处两军激战的遗迹——觉悟高的士兵勇于战斗。

5

我们从景德镇开车前往庐山，由于不紧不慢地到了下午才出发，所以到达靠近庐山山顶的云中宾馆时，天色渐渐暗下来了。

途中，我们从湖口坐船渡过鄱阳湖。湖口就是辛亥革命后，李烈钧（公元 1882 年—公元 1946 年）举兵发动二次革命的地方，但那里却不是个像样的城镇。后来一想，这或许是为了前往方便渡湖的地方，汽车车道才不绕到城镇里头的。我们一乘船渡河，就觉得道路越来越破烂不堪。在沥青马路上，我们的汽车缓缓经过九江江畔，最终抵达庐山脚下。

庐山山顶的一部分观光道路已铺砌完毕，但是登山的车道却仍处于未铺砌状态。直至新中国成立前，人们上山下山都是乘坐轿子，山上根本没有车道。轿子分为四人小轿和八抬大轿两类，据说抬轿的轿夫越多，乘坐轿子的客人就感到越舒适。新中国成立后，直至山北公路和山南公路两大公路建成以前，庐山上的轿夫多达三千名。

登庐山时，一旦到了危险路段，乘轿前行就会存在危险，所以这时客人就不得不下轿步行。芥川龙之介曾写道："登庐山，一日就足以令人欲想归家。"或许是因途中须时不时地下轿步行令他深感厌烦吧。我在登山路途中总会不自觉地感到："这里大概不合芥川的心意吧。"在此难以细说此事，只不过是中国的文人墨客所钟爱的庐山，不符合日本文豪芥川龙之介的审美。

据说，那日我歇脚之地——云中宾馆曾是汪精卫的私人别墅。

就如日本的疗养地一般，庐山很少有规模巨大的气派宾馆。这里的住宿设施几乎都是改造了外国人、中国政府高官及富豪们曾经的别墅。即便是新中国成立后建成的宾馆，也没有气势恢宏的大型住宿。云中宾馆也只是名字气派，实则是间石头结构的小平房（虽有半地下室），内含五个房间。即便是众所周知的汪精卫，对这幢仅仅只是用来避暑的别墅也无大肆装饰的心情吧。

庐山上，仙人洞、花径、大天池、三宝树、含鄱口、小天池、五老峰、白鹿洞等风景名胜云集。不过由于游客们的风评过高，所以在这里目睹时，我并不惊讶。

会址、博物馆、庐山大厦等作为近代史的遗迹也享誉盛名，三处又恰好建在一起。"会址"即为中国共产党八届八中全会和九届二中全会召开的会议遗址。比起这串由数字堆积而成的名称，或许说这是彭德怀下台的会议更容易令人记住吧。不过，据说那里曾是剧场，而庐山大厦如今已成为员工宿舍，提供给在这一带的各大机构上班的人们。但在新中国成立以前，这里曾是培养国民党干部的研修所。

一提到庐山，人们便立马令人联想到白居易。在中唐时期，他曾被贬黜至庐山脚下的九江地区。

遗爱寺钟欹枕听，香炉峰雪拨帘看。

他的诗闻名遐迩，此句更是如此。在日本，还流传着这么一段广为人知的逸闻趣事——当清少纳言[1]被问及"何为香炉峰雪"之时，她只是默默不语地拨开了竹帘，她的才女之名也因此更为响亮。

---

[1] 清少纳言（公元 966 年—公元 1025 年）：日本女官，著名女作家，代表作《枕草子》。

白居易画像

　　白居易曾在香炉峰山麓上修葺了一间草堂。落成时，他在东面的墙壁上写下两首七言律诗。前文提及的诗句就出自这两首诗中的其中一首。在平安时代（公元 749 年—公元 1192 年）的日本，《白氏文集》是才女的必读书目。其诗通俗易懂，因而在日本也大受欢迎。

　　"香炉峰"为平安时代的日本人所知，可这座山峰究竟位于哪里？为了得到答案，我试着向旁人打听，但是众说纷纭——"白居易笔下的香炉峰正是此山"，最终人们确信的山峰存在两三座。后世之人慕名而来，若断定这就是白居易笔下的香炉峰，并将其写入文章中，那可就麻烦了！此人名气越大，他的言论就越权威。若这种人存在三位的话，就会出现三座

177

香炉峰。倘若留心瞧一瞧，就会发现其实每一座山都是香炉形状。不，由于香炉本身形状各异，所以脑海中一旦先入为主了"香炉"，那么任何一座山看着都形似香炉。

白居易拨帘远眺的香炉峰到底是哪座山呢？其实这无关紧要。不过，一旦该问题是历史上的重中之重时，就无法随意对待。既不能妄下结论到处宣扬，也不能将自己的推测付诸笔端，否则将会给世人带来巨大的困扰。此人越功成名就，我就越衷心地希望他们能够谨慎对待此事。

当听闻白居易笔下的香炉峰存在多座之时，时常创作历史小说的我不禁陷入了深思，且决定以此为戒，时时提醒自己。

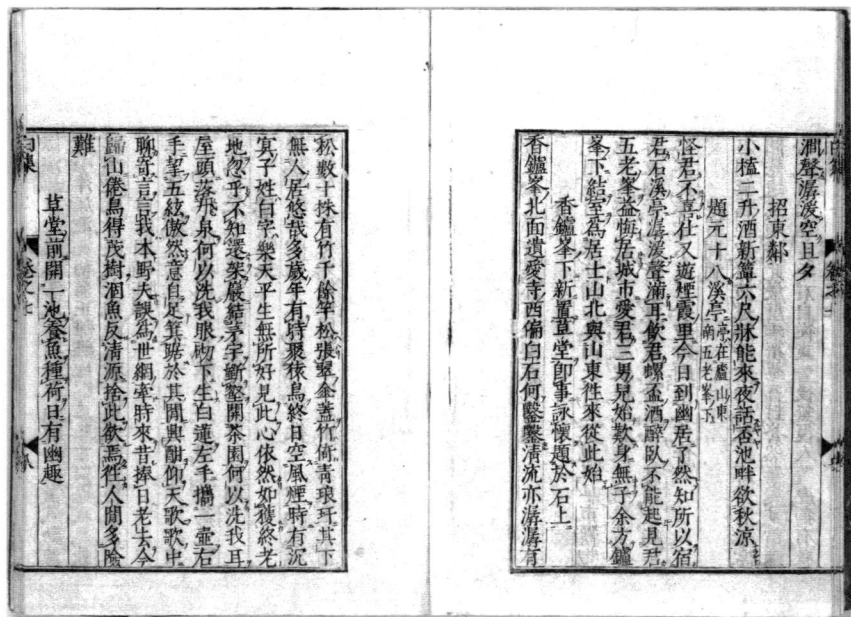

《白氏文集》中提到的"香炉峰"

1

日本是武器出口国——此说法虽不够稳妥，但不可否认的是日本曾长时间向中国出口刀剑。虽然在不同的历史时期情况可能有所不同，但在对华出口的商品中，刀剑在很长一段时间内始终霸居首位，大量涌向中国市场。不过，现存刀剑却少之甚少。

日本刀剑为什么消失了？关于这个历史疑团，众说纷纭。其中有个极具说服力的说辞——"中国是不是将日本刀剑作为原材料进口的呢？进入中国后，刀剑又经过加工成了别的物件，自然就见不着其身影了。"不过，我个人的非专业看法是，由于清代停止了日本刀剑的进口从而导致其自然消失。倘若在三百年的时间内一直停止进口，老旧之物就会随岁月变迁渐渐佚失。当时，清政府决定停止进口的原因虽复杂多样，但其中之一必定是中国百姓的喜好发生了变化。

民众的喜好一旦改变，此前涌入中国市场的大批日本刀剑就会越来越不受待见——要么被粗暴对待，要么被放置一旁无人过问，最终锈迹斑斑直至腐烂。它们甚至也可能在完全腐烂前被加工成了别的物件。由此看来，日本刀剑起初虽不是作为原材料进入中国，但进入中国之后，在岁月的淘洗中最终沦为了原材料。

《宋史》载录着日本进贡时的物品清单，铁刀就位列其中。遗憾的是，如今我们已无从知晓究竟有多少日本刀剑以朝贡名义进入了宋代。不过，在宋代的军事制度中，弓箭比刀剑更加受人重视。

翻阅《宋史·志·卷一百五十》便可得知，作坊院和弓弩院为两大武器制造中心。弓弩院显然为弓、箭制造之地，作坊院则主要负责制作"涂金脊铁甲"，即铠甲与盔甲。

当时，刀剑为次要武器，样式各异——这或许是世人觉得完全没必要特意统一刀剑样式所致，世间也就没有相应的刀剑制造方法，锻造精良之物难得一见。从宋代古坟中挖掘出来的刀剑类陪葬品早已面目全非，锈烂不堪。因此，研究宋代刀剑的线索几乎断了。

仅存的线索或许就是《武经总要》。此书由曾公亮、丁度两人编纂而成，分为前、后两集，共四十三卷，内容以图像为主。清代乾隆皇帝曾组织编纂《四库全书》，其中的一大目的便是销毁民间所有不利于统治的书籍。不幸的是，乾隆帝也把这部插入图解的《武经总要》视为禁书，因为它很有可能成为武器制造的秘籍。

纵使乾隆帝威望无边，也不可能将散落民间的《武经总要》悉数烧毁，总存在一些漏网之鱼（世人有意藏匿也好，无意间留下也罢），而这些幸免于难的书籍便成了研究宋代刀剑的唯一线索。《武经总要》的幸存着实令人欣慰！

《武经总要》详细记载了鞘饰——金、玉、银、铜、玳瑁、宝石等。此类刀剑极其精美考究，所以一定不是实战武器。

此书作者之一曾公亮（公元 999 年—公元 1078 年）任宋仁宗时期宰相。与他同时代的著名文人欧阳修（公元 1007 年—公元 1072 年）曾作《日本刀歌》。

昆夷道远不复通，世传切玉谁能穷。

> 宝刀近出日本国，越贾得之沧海东。
>
> 鱼皮装贴香木鞘，黄白闲杂鍮与铜。
>
> 百金传入好事手，佩服可以禳妖凶。

通过此诗，我弄清了几个感兴趣的点。日本刀剑以其上乘的品质、精美的制作早已扬名在外。不过，从"宝刀近出日本国"一句可知，日本刀剑大致在欧阳修所处的 11 世纪前后才开始进入中国。此句中的"近"字至关重要，意义非凡。

不过，日本刀剑是以怎样的路线传入中国的呢？诗曰："越贾得之沧海东"——"越"指浙江，"越贾"大概是指宁波一带的商人。由此可知，日本刀剑并非经由朝鲜半岛，而是通过浙商之手直接进入中国。那么宝刀究竟是如何进入浙商之手的呢？是日本商人驶船到浙江一带进行贸易，还是浙商前赴日本购得宝刀后带回国呢？又或许是以五岛列岛一带为中转站，双方进行宝刀交易呢？想必这些情况均有可能存在吧。

"黄白"即指金银，"香木鞘"为珍贵物品。从中也可推断出宋代进口的日本刀剑绝非实战武器。究竟是何人不惜掷百金购得宝刀呢？"好事"之人也。实际上，这些刀剑并非用以杀人，而是被当作"禳妖凶"的护身符随身佩带。

治承三年（公元 1179 年），平清盛[1]向宋朝进献日本宝刀。公卿藤原兼实[2]在日记《玉叶》中写道："武勇之具，不可出境外。"可见，藤原氏本人极力反对出口武器。然而对于宋朝而言，日本刀剑只是禳妖除魔之具，并非武器，亦非勇武之具。

日本刀剑以其独特的威力和一种震慑宋人灵魂的魅力，而被视为"禳妖之具"。

---

[1] 平清盛（公元 1118 年—1181 年）：日本第一个军事独裁者，开创了平氏政权。

[2] 藤原兼实（公元 1149 年—公元 1207 年）：又名九条兼实，因住九条殿而创立九条氏家族，是镰仓幕府初期的公卿（即顶尖贵族）。

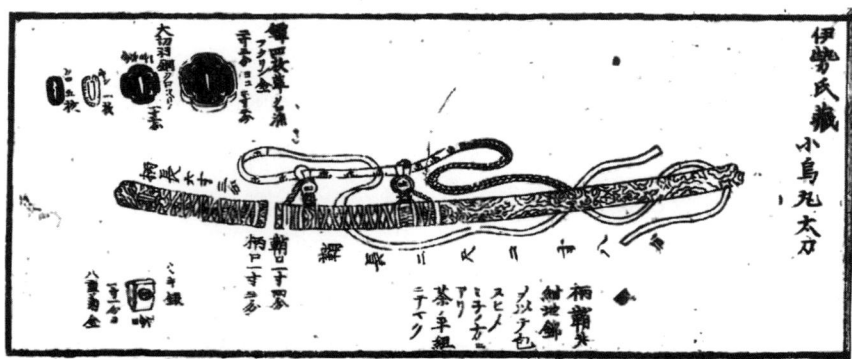

小鸟丸太刀
《刀剑图考》插图，日本天保十四年（1843 年）出版，栗原信充著

2

在斗转星移、王朝更迭中，历史迈入了元朝。在"元"这个国际性政权的统治下，中国民众的部分观念日渐开放。前所未见的新事物源源不断地涌入中国，民众们也慢慢地对新奇事物产生了免疫。换言之，他们对外来事物的偏见渐渐消除了。

随后，元朝覆灭，明王朝一统中原。不计其数的日本刀剑也随之蜂拥而入，充斥在中国的各个角落。

"无与伦比的禳妖之具。"

宋代，民众们将那份对日本刀剑的敬畏之情深深地藏于心底。这份敬畏之情自然也就成了大量进口的基础。虽然那个年代还没有精确的统计，但通过正式的勘合贸易[1]的物品都记录在册。查阅记录可知，日本各个时期对华出口的日本刀剑的数量如下，单位（把）：

永享四年（公元 1432 年）　　三千

永享六年（公元 1434 年）　　三千

宝德三年（公元 1451 年）　　九千九百六十八

宽正六年（公元 1465 年）　　三万余

文明八年（公元 1476 年）　　七千余

文明十五年（公元 1483 年）　三万七千余

明应二年（公元 1493 年）　　七千

永正八年（公元 1511 年）　　七千

天文八年（公元 1539 年）　　两万四千一百五十二

此外，倘若再加上使节所携私物及秘密交易的日本刀剑，恐怕进口总数多达上文数量的两倍。在近百年的时间内，二十多万把日本刀剑纷纷涌入了中国，导致价格大幅度下跌。

日本永享年间（公元 1429 年—公元 1440 年）第二回明日间的勘合贸易（于公元 1434 年）中，日本遣明船[2]上的刀剑单价为十贯铜钱。到了宝德三年（公元 1451 年），价格折半，变为五贯。宽正（公元 1460 年—公元 1465 年）、文明（公元 1469 年—公元 1486 年）年间更是一降再降，降至三贯，最终竟跌至一贯。不过，据瑞溪周凤[3]的见闻录可知，在日本国内，一把日本刀剑的售价从八百文至一贯铜钱不等，但到了明朝却能卖

---

[1] 勘合贸易：明代对外国使节来华的朝贡贸易的一种特定称呼。

[2] 遣明船：日本派往明朝的船只，又称"勘合船"，名义上为朝贡，实则进行贸易。

[3] 瑞溪周凤（公元 1391 年—公元 1473 年）：日本京都相国寺僧人，曾编纂日本第一部外交文书集《善邻国宝记》。

到五贯铜钱。

虽然我们已无从知晓使节带去明朝的日本刀剑究竟是什么样子，但可以想象得到，除进献皇室及达官显贵的礼品之外，其余之物皆非上等品，不过只是些"数打物（即一天可以制作数把的粗糙刀剑）"罢了。1485 年，明朝与日本双方进行商谈，规定每次入贡携带刀剑不能超过三千把。但是后来涌入中国的刀剑数量远远超出了定额，导致价格暴跌。永正八年（公元 1511 年），日本遣明使正使——东福寺桂悟[1]前来朝贡。当时，明朝强烈主张只接受约定好的三千把刀剑，进而引发了一场纷争。对此，桂悟恐吓道："若我国国王（即足利将军）因此想要停止朝贡的话，海盗们就会闻讯后聚集此地。如此一来，究竟是谁的责任？"就这样，他巧用明朝廷畏惧"倭寇"的心理，成功迫使对方收下了所有刀剑。

由此看来，明日间的贸易更像是日本单方面的强行兜售，而非普通交易。公元 1485 年，双方进行的那次商谈也不过是为了重新确认半世纪前，即永享年间签订的协议罢了。早在勘合贸易伊始之际，双方就已明确约定了每次入贡所携刀剑的定额——不超过三千把。但最终却演变为这样的局面——日本毁约，增加刀剑出口数量；明朝压低价格，来者全盘接收。

实际上，数额如此庞大的日本刀剑不可能全部用以禳妖除魔。虽说数额巨大，但也不够朝廷军人手一把。因此，首先是配发给御林军。可喜的是，配发给御林军的这部分刀剑遗存至今，成为故宫的藏品。其中既有大刀，又有薙刀（即眉尖刀）。足利将军特别进献的宝刀则佩戴在了皇帝、皇亲国戚及禁军首领的腰间。

据《明史》记载，明代创始者朱元璋在京城（南京）内外设置了四十八卫，洪武四年（公元 1371 年）的士兵总数逾二十万七千八百人。

---

[1] 桂悟（公元 1425 年—公元 1514 年）：日本临济宗的禅僧，字了庵，奉足利义政将军之令出使中国。他曾住东福寺、南禅寺。

鬼丸太刀
《刀剑图考》插图

成祖永乐帝迁都北京，京营[1]增至七十二卫。虽然《明史》中未明确记载七十二卫的士兵总数，但如果按五千人一"卫"的标准来算的话，整个京营的士兵总数高达三十多万。

其中的第十二卫称作"天子亲军"，亦称"上十二卫"，分别为金吾前卫、金吾后卫、羽林左卫、羽林右卫、府军卫、府军左卫、府军右卫、府军前卫、府军后卫、虎贲左卫、锦衣卫、旗手卫。金吾两卫相当于警察局，锦衣卫渐渐演变为人人惧怕的特务机关，如美国的CIA（中央情报

---

[1] 京营：即三大营，是明代京军的编制。明成祖迁都北京后，又分设京师京营和南京京营。

局）一般。总之，天子亲军的总人数约为五六万，日本刀剑也势必优先配发给这些部队。

此外，地方部队共有三百八十四卫。假设每个"卫"都拥有五千士兵的话，地方部队的士兵总数超过一百九十万。加上京营的士兵，明朝的常备兵力高达两百二三十万。倘若再将民壮、边境士兵等"民兵"也计入其中的话，士兵总人数远不止于此。如此算来，无论进口多少日本刀剑都远远不够。

不过，若是给两百万常备军人手配备一把日本刀剑的话，实则是浪费，因为根本没必要给小兵小卒配备长刀长剑。所以，只要给上十二卫及京营将校以上的军官配备即可。即便如此，也会是个相当可观的庞大数目。那么，明政府到底为何坚决拒收定额以外的日本刀剑呢？又为何一开始就限定刀剑的交易数量呢？明朝廷规定十年一贡，且定额不得超过三千把，这样的交易数量根本算不上多。

或许是因为明朝国内也能制造出日本刀剑了，所以朝廷才会如此坚决地限定交易数目吧。据说，当时民间大量地仿制日本刀剑。从明代茅元仪（公元 1594 年—公元 1640 年）编著的《武备志》中的插图来看，与日本国产的刀剑相比，明朝仿制品的刀身弯曲部分更深。当然，其质量也远远不及真正的日本刀剑。但若只是为了显示将校威风，仿制的日本刀剑则足以达到这一效果。此外，国产刀剑的价格比进口刀剑更为低廉。

3

或许是出于一种"中华思想"[1]，当时的中国以天朝上国自居，骄傲地认为"朝贡贸易"是给予对方国的恩泽。

就如上文提及的那般，为迫使明朝廷收下定额之外的日本刀剑，桂悟

---

[1] 中华思想：按照日本历史学词典的解释，中华思想是一种民族主义，是汉民族夸耀自己的文化和国土，从古至今延续下来的思想。

刀

茅子曰武經總要所載刀凡八種而小異者猶
列焉其習法皆不傳今所習惟長刀腰刀腰刀非
團牌不用故載於牌中長刀則倭奴所習世宗時
進犯東南故始得之並藏於後
法叉從而演之并藏於後此法未傳時所用刀制
略同但短而重可廢也

短刀製

長刀製

刃長五尺後用銅護刃一尺柄長一尺五
寸其長六尺五寸重二斤八兩

校標鎗立銀錢三箇小三十步內命中或上或
中或下不差為熟
校長刀鎗鈀凡中軍舉號砲一聲豎起白方旗是
集刀鎗手的旗各長刀手鎗鈀手俱集中軍聽候
唱名倭刀共二人一排舞路既多疾速俱為上等次
以木刀對砍樂落疾速不使人乘隙得犯為上等
鎗鈀共用二人一排平使柄顏者乃有力也舞熱
而緊疾者為上等舞畢即以長鎗對之大都短不
接長鎗十戳九入第鎗誘不動執鈀有勢進鎗時

右手刀一旁刃柄短如絰掉刀刃首上闊長柄施
鐏屈刀刃前銳後斜闊長柄施鐏其小有別掌刀
此皆軍中常用其間他闊者競為異製以自表故
刀則有太平定我朝天開山關陣劍車刀車
七首之名掉則有兩刃山字之制要皆小異故不
悉出

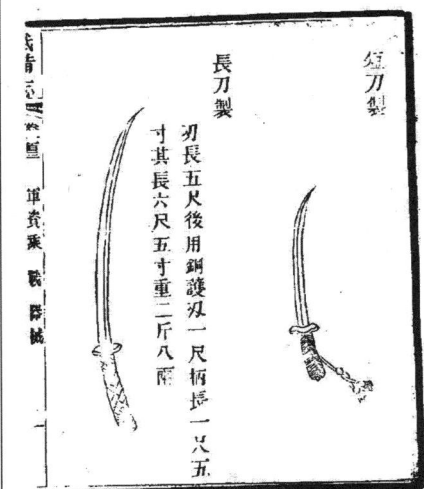

明代茅元仪的著作《武备志》（部分）
由文字描述可知，当时的军队已普遍装备倭刀，且《武备志》写明，倭刀之形制是从倭奴处
习得

恐吓道："……恐失我国王之心废职贡之事……"桂悟在此使用了"职贡"一词，意思是指"作为职责本分的上供"。实际上虽为明日两国间的贸易，但却采取"进贡"形式，飘扬在遣明船船头的旗帜上大大地写着"日本贡船"。

在明朝廷看来，"朝贡贸易"无疑是对远道而来的异乡者施与的同情、垂怜与恩惠。从这一原则来讲，双方间的贸易数额越大，对明朝就越为不利。因为贸易数额一旦增多，施予对方的恩惠也就相应地增多了。为此，接待外国进贡使节的明朝官员操碎了心，他们绞尽脑汁地思考如何才能减少进贡。其中，将每次交易的刀剑数量限定在三千把以内，就是相关官员的一大功绩吧。

和日本刀剑一样，蒙古马的交易数目也受到限制。明朝以"朝贡"名义向蒙古族购买良马，谓之"马市"。起初，明朝廷也是出于需要而大量购买马匹，首先是战马。不过，蒙古马的情况比日本刀剑更为糟糕。至少明朝仿制的刀剑质量远远不及日本制造的刀剑，但明朝的马匹却相当高产。品质优良的战马源源不断地出生，最后竟出现供过于求的趋势。

蒙古族建立的元政权被明太祖洪武帝赶出中原，驱逐到了朔北地区。元朝末代皇帝妥懽帖睦尔（公元 1320 年—公元 1370 年）不战而降，弃都（北京）出逃，最终长眠于朔北。随后，皇太子爱猷识理答腊（公元 1339年—公元 1378 年）在喀拉和林即"大汗"之位。

纵然同为"大汗"，但此时的大汗已今非昔比，不再是像成吉思汗、忽必烈等荣光显赫的大帝王，而沦为弃都而逃的没落君主。不过，由于他们继承了成吉思汗的血统，所以爱猷识理答腊具备继位资格。再后来，其弟脱古思帖木儿（公元 1342 年—公元 1388 年）嗣位，成为新一任大汗。在捕鱼儿海（今内蒙古贝尔湖）附近搭设帐篷时，脱古思帖木儿遭到以蓝玉大将军为首的明军突袭，最终在惊慌出逃的途中为同族也速迭儿所杀。

到了如此境地，成吉思汗的权势也日渐式微。虽然"大汗"之位依旧由其子孙承袭，但蒙古族的实权逐渐被其他家系之人操控。

明初，瓦剌部落的势力在蒙古族的众多势力中抬头，日益强大起来。为了加以区分，《明史》将元朝末裔——蒙古族的黄金部落记为"鞑靼"，而把瓦剌记为"在鞑靼西"。对蒙古族的不同部落加以如此区分，是因为这其中隐含着明显的政治意图。

明朝虽实现了一统中原的壮举，但若是居于朔北的蒙古族团结一致、出兵南征的话，明朝的统治地位会岌岌可危。因此，明朝不得不出手破坏"鞑靼"与"瓦剌"，即塔塔尔部落与瓦剌部落之间的关系。

以成吉思汗子孙自诩的塔塔尔部落，将迅速崭露头角的瓦剌部落视作为"政界新人"。虽然这两大部落同为蒙古族，但部落之间的关系却极为紧张。恐怕是由于明朝的地下工作者不断出手挑拨离间所致吧。不过即便没有明朝廷的离间计，两大部落也不可能和平共处，他们的不和另有其因。

瓦剌部落迅速崛起，成为一股与传统的塔塔尔部落不相上下的强大势力。对于两部落而言，要想打倒对方，其中最有效的办法就是借助明朝势力。

明永乐七年（公元 1409 年），塔塔尔部落突袭瓦剌部落，结果一败涂地。当时，明朝还尚未迁都北京，闻讯后的明成祖下令向双方派送使者。结果，瓦剌部落热情地接纳了明使，而塔塔尔部落却残忍地将其杀害。

为表谢意，瓦剌部落首领——马哈木（公元 1376 年—公元 1416 年）向明朝廷派送答礼使，并进献良马。翌年，明朝册封马哈木为"顺宁王"。公元 1410 年，瓦剌部落再次向明朝廷派送"贡马谢恩"的使节团。此后，便形成了一年一贡的惯例。

永乐年间，明成祖永乐帝率领五十万大军亲征塔塔尔部落，最终将其降服。随后他又再次率兵北征，讨伐渐渐目中无人、轻视明朝的瓦剌部落。他在位期间，数次北伐抗敌。帝王频繁的远征导致百姓生活苦不堪言。虽然明朝最终凭武力征服了瓦剌部落，但同百姓疾苦和巨额的战争支出相比，这根本称不上是显赫的战果。

不过，明朝至少凭一己之力征服了塞外民族，所以古代中国的部分史学家们高度评价了永乐帝的历史功绩。汉唐时期，国力虽然强盛，朝廷却往往采取"和亲"的方式来压制塞外民族的反抗，即把皇亲贵女嫁与异族首领为妻。在民族主义的史学家看来，历朝历代所采用的"和亲"政策极为屈辱，而明朝坚决摈弃了这种屈辱的方式，凭国力征服了塞外民族，因而饱受赞扬。

然而，在征服塞外民族时，明朝廷不仅仅只是依靠了武力。早在宋朝时，面对辽、金政权，朝廷就曾采取了屈辱的"岁币"政策。公元1004年，宋辽签订澶渊之盟，规定宋朝必须每年赠送给辽二十万匹绢、十万两白银，随后又追加绢十万匹、白银十万两。这就是历史上臭名昭著的"岁币"，以绢布、金钱等物质来讨取对方的欢心，从而确保自身免受攻击。明朝廷出于对蒙古族的忌惮，也采用了类似的方式——"马市"，可谓变形版的"岁币"政策。明朝实行的"马市"使蒙古族单方面受益。倘若他们接连不断地向明朝进贡马匹，就能源源不断地获得财富。对于蒙古族而言，明王朝就是摇钱树，与金主搞好关系才是聪明之举。

毋庸置疑的是，明朝廷进口日本刀剑的初衷是为了提高近卫的精锐装备，因为它是必要的武器。不过，进入一定时期后，刀剑基本普及，且进一步实现了国产化。因此，进口新的刀剑就会造成市场负担。不过，从桂悟的恐吓之词中，我们便可预知明朝一旦取消进口，日本一侧的态度就会发生一百八十度大逆转，浙江、福建等地就会因此常年遭受倭寇侵扰。

起初，明朝也是出于补充战马的需要而大量引进蒙古马。同日本刀剑一样，战马也渐渐变得普及。不过，明朝廷一旦停止马市，恐怕骑在马背上的蒙古骑兵团就会开始四处挑衅滋事。

4

除了接受日本刀剑、蒙古马等交易品之外，接受四方朝贡的明朝廷还必须赏赐各位前来进贡的使节。这就意味着使节们即使携带小小的礼品前来朝拜，也能够得到朝廷的回赠。因此，前来朝贡的使节人数往往成为一大棘手的问题。

日本宽正六年（公元 1465 年），日本室町幕府派出的遣明使令人印象深刻。那年，画家雪舟[1] 也一同搭乘遣明船前去明朝精进画艺。随行的僧侣中也不乏学问僧。当然，雪舟及这些学问僧们前往中国的目的与船上其他使臣们截然不同。其他人满心想着一本万利，欲以小礼品换取明朝廷的丰厚赏赐。

日本永正八年（公元 1511 年），日本派遣的遣明船正使正是八十七高龄的僧侣桂悟，朝贡总人数高达二百九十二人。不过，两国在弘治九年（公元 1496 年）签订的协定中明确规定，进京的遣明使人数不能超过五十人。桂悟不仅努力迫使明王朝全盘接收定额外的日本刀剑，还对规定的随行人数提出抗议，或许他个人觉得进京人数并非紧要问题吧。然而，实际却恰恰相反。如果众人蜂拥而至，所获得的赏赐就会大打折扣。

为何明朝廷执意限定人数呢？其中必有缘由。日本宝德年间（公元 1449 年—公元 1452 年），日本一共向明朝派出了十艘遣明船，总人数多达一千二百人。虽然随行的日本民众也只是前来明朝观光旅行，但他们却四处滋事，与当地百姓发生口角斗殴。最终，此行人中只有三百余人顺利入京。不过，即便只有三百人，也是一场浩浩荡荡的集体旅行。其中的大部分人是水夫，他们前往北京的目的无疑是为了得到明王朝的赏赐。

---

[1] 雪舟（公元 1420 年—公元 1506 年）：名等杨，故又称"雪舟等杨"，日本画家，代表作《秋冬山水图》《天桥立图》等。

　　对明朝而言，单单只是给这个大型旅游团提供食宿就已十分不易，更何况还要给众人分发赏赐呢！这就是件彻头彻尾的麻烦事儿。明朝廷最终忍无可忍，向日本下达指令，今后的遣明船不得超过三艘，人数不得超过三百。

　　大约四十年后，日本明应二年（1493 年）时，遣明船上的一行人在济宁再次与当地民众发生口角斗殴，导致入京人数被限制为五十人。这类出现伤亡人员的暴力事件的确属于难以原谅的恶行，但明朝当局以此为契机，欲限制入京朝贡的人数。朝贡人数越少，对明朝国库越为有利。

　　明朝与日本之间十年一贡，且贡船不得超过三艘，所以日本前来朝贡的人员数目对明朝廷来说，不是什么大负担。比起蒙古族以"贡马谢恩"之名一年一贡，这样的朝贡规模简直不值一提。

　　同外国进行此类"岁币"交易时，明朝将交易的物品一概记作"贡马谢恩"，例如，《明史·列传·卷二百一十》成化四年夏（公元 1468 年夏）这一项下面记载着，"乃遣使贡马谢恩，礼之如制。"除刀剑之外，日本进贡的物品中不可能存在宝马。但即便如此，还是在册子上记作"贡马"。

　　值得一提的是，成化四年，日本的"贡马谢恩"正值雪舟入明之时。其正使虽为僧侣清启，但当时的使节团并不一定都是正直廉洁。《明史》记载："伤人于市。"使节团再次与民众发生口角斗殴，伤及了他人。对此，明朝当局却下达宽缓的判决——犯人既适用本朝刑罚，也可回国服刑。书中又感叹道："自是，使者益无忌。"由于朝廷的处罚过于宽松，日本使节团越来越得意忘形、肆无忌惮。

　　不过，真正的"贡马谢恩"更加荒诞不经。虽然明朝和瓦剌部落也在交易一开始就限定了朝贡人员不得超过五十人，但瓦剌使节团却不以为意，携数千人前来朝贡。这与约定的基础规模完全不是一个档次。

　　明正统十四年（公元 1449 年），瓦剌部落实际派出两千名使节与十多万匹战马前来朝贡。不过向明朝廷申报时，申报的使节人数却为三千人，明朝也因此必须下发三千人份的赏赐。瓦剌部落索求的赏赐过多，且明王朝根本不需要这么多战马。当然，这十万马匹并非都是上等骏马，肯定混杂着劣马、病马及老马。

"简直忍无可忍！"宦官宰相——王振（？—公元1449年）拍案而起。秦朝曾以宦官宰相赵高（？—公元前207年）为最，明朝则以王振为首。经过一番彻查，王振决定按实际人头数拨发两千人份的赏赐，并且将蒙古马的交易价格下调一半。

当时，瓦剌部落首领为也先。在明朝宰相怒喝"简直忍无可忍"之时，也先亦愤愤不平，大喝"简直忍无可忍"。此前明王朝对虚报的人头数放任不管，一概予以赏赐。久而久之，瓦剌部落自然也就认为明朝廷已将这部分虚报人数视为实际人数。因此，也先觉得此次明王朝的举动实为背信弃义之举。他思索着："要是这般忍气吞声，沉默不语的话，怕是明王朝会更加得寸进尺，恶习成性。"

事实上，瓦剌部落的此次"贡马谢恩"还存在内幕。在明朝担任翻译工作的人，为了提高双方间的贸易份额，决意促成明朝与瓦剌部落联姻。不过，结果却不尽如人意，遭到了明朝冷淡拒绝，说"此事闻所未闻"。对这突如其来的首次提议，明朝采取冷漠态度也无可厚非。只是此事无疑是火上浇油，令原本愤愤不平的也先更加怒火中烧。

当时，正值瓦剌部落的全盛时期。从父汗手中继承首领之位的也先，欲一展身手以树立威望，但现实却给了他当头一击，使他的自尊心受到强烈挫伤。于是，也先一声令下："进攻明朝！"

瓦剌军从东北、西北地区纷纷南下。也先凭借自己在石窟寺的崇高威望，直入山西大同。

闻讯以后，明英宗决定听从心腹宰相王振的劝谏，率兵亲赴大同，欲与也先一较高下。吏部尚书王直（公元1379年—公元1462年）率群臣极力谏阻，然而英宗却全然不听，一意孤行。

王振是名不折不扣的主战派人士，急于立功，跃跃欲试。虽然他取代了金英、兴安等大宦官之位，却始终没有显赫的战绩，所以他一心渴求着功绩。在此番功利心的强烈驱使下，王振极力主战——"只要此次讨伐瓦刺的战争大获全胜，就是自己的大功绩"。无论是降低瓦刺部落的贡马价格，还是坚持只按实际使节人数下拨赏赐，这些引发战争的导火索都是他一手制造的。他始终涉身这场纠葛之中，所以一旦旗开得胜，他无疑就是头号功臣。

明英宗亲率远征军从北京出发，途经居庸关，直奔宣府（今河北省张家口市宣化区）。只可惜天公不作美，宣府风雨肆虐。见此，成国公朱勇跪求撤军返回，王振却勃然大怒，最后只好作罢，钦天监[1]监正彭德清以天象谏阻，王振仍执意前进。因为他决不允许建功立业的大好机会就这么轻易地溜走。

远征军刚抵达大同（今山西省大同市），镇守太监郭敬便前来汇报敌情，谏言"撤为上策"。事已至此，王振才萌生了撤退的念头。他到现在才明白敌军势力之强大远远超乎想象，且对方步步为营、直逼明军。

王振之所以执意亲征大同，还因为他衣锦还乡的梦想。他想在大获全胜之际，将天子亲率的凯旋军迎至故里——蔚州（今河北省张家口市蔚县）。

远征军原计划直接返京，但王振始终难以割舍天子亲临府第的夙愿。于是，他再次下令从蔚州绕道回京，但又在途中临时变卦，下令折返，搞得士兵们晕头转向。

在土木堡（今河北省张家口市怀来县东南）的山谷间，精疲力竭的明军被也先率领的四万精兵所俘虏。一夕之间，数十万明军全军覆没，王振建功立业的美梦也随之灰飞烟灭。当然，他自身也在刀光剑影中身首异处。

皇帝的结局如何？

《明史·本纪·卷十·英宗前纪》记载："帝北狩。"——"皇帝去北

---

[1] 钦天监：官署名，掌管观察天象，推算并制定历法。其长官称为监正。

方狩猎"实为皇帝被捕的委婉说辞。

《明史·列传·卷一百九十二》记载："帝，蒙尘。"

然而无论怎样变换说辞，事实都无法改变。最终，皇帝成了战俘。

5

"皇帝被俘"实乃闻所未闻之大事。前朝虽存在像南宋幼帝那般被俘的情况，但那是在王朝覆灭之际，因而情有可原。明英宗被俘之时，王朝大厦毫无倾倒之兆。

历史上将此次变故称为"土木之变"。

瓦剌军在土木堡虏获明帝后，趁势南下，团团包围了北京。文武百官们阵脚大乱，不知所措。在此千钧一发之际，内阁首辅徐有贞提议迁都南京，以避刀兵。由于明王朝迁都北京还不足三十年，所以副都南京依旧完整地保存着首都时代的各大机构。

"敢言迁都者斩！"宦官金英、兴安怒斥道。人们对宦官的印象往往是引发"土木之变"的罪魁祸首——王振一般的阴险小人。但是宦官中也不乏金英、兴安这般正直刚毅之人。

倘若当时仓皇而逃，弃都南下的话，恐怕明王朝的命数早已尽了，就算得以苟延残喘，也至少会失去北方的半壁江山。幸得金英、兴安等志士仁人决意"死守北京"，明王朝才得以继续存续了两百多年。

不过，发起此次进攻的瓦剌族首领也先从未意图推翻明朝。只是明王朝强行下调蒙古马价格，且吝啬对瓦剌部落的恩赐，才导致他心有怨念，决意动武反抗。对于瓦剌而言，明王朝是极为重要的生财之道，他们丝毫没有反叛意图。他们虏获明朝皇帝作为人质，也仅仅是想要顺利解决问题，为自己争取更多利益。

但是明王朝却以毅然决然的态度化解了此次危机。通过采取皇太后下旨这种非常手段，明英宗的弟弟继位，成为新一任皇帝，即景泰帝。"好不容易虏获王将[1]，对方却又在棋盘上放上新的王将"——现在的情况与此别无二致。虏获的王将瞬间变得一文不值，他不再是当今圣上，而成了"先帝"。

也先大失所望。在瓦剌军的重重围困之下，明军依然死守北京。五日之后，也先只得无奈撤退，因为他深知倘若继续包围下去，必将危及自身地位。

当时，脱脱不花（公元1416年—公元1452年）承塔塔尔部落的"大汗"之位，而也先已拥有了足以撼动塔塔尔部落的强大势力。然而脱脱不花不甘屈居傀儡地位，意图摆脱也先的压制。也先自然毫不示弱，为保全首领地位，他必须想方设法令部下富裕起来——这正是蒙古族首领的本职。为此，他必须从明朝手中获取财富，此外别无他法，而眼下他也只能稍作妥协，主动同明朝重归于好，打破"不和"。

明王朝对也先的如意算盘了如指掌，积极出击，主动与脱脱不花进行"朝贡贸易"。此前，也先近乎垄断了蒙古族对明王朝的"马市"。此项交易实为巨额收益，先前双方交战也是由于明王朝下调马匹价格，导致瓦剌部落收益减少。马市的利益为也先巩固了部落首领的财政基础。马市一旦为明王朝拒绝，失去巨额利益的话，就无法确保下属们能够维持以往的生活。如此一来，定会有人奋起反抗，他作为首领的地位也就变得岌岌可危。

出于这般考虑，也先无条件释放了明英宗。不过，英宗早已没有了圣上的荣光，无奈地被幽禁在紫禁城一角，郁郁度日。数年以后，一场宫廷政变[2]又令他重登皇帝宝座。不过此前，他因听信无能无谋的宦官王振之言，而亲率远征军攻至大同，导致数十万将士战死沙场，是谓昏君！

---

[1] 王将：日本将棋中的"国王"，类似中国象棋中的"帅（将）"。

[2] 此宫廷政变是指发生于景泰八年（公元1457年）的"夺门之变"。景泰帝病重，部分臣子拥戴囚禁在南宫的英宗帝复位。

瓦剌部落首领也先虽是英勇善战之人，却有勇无谋，完完全全中了明王朝的离间计。明朝优待塔塔尔部落派遣的使节的同时，冷落瓦剌部落的使节。倘若是机敏之人，应该能察觉到此乃离间计也！但是也先却未能识破这般简单的骗局，难谓"明君"！

除了明王朝的离间计之外，还有别的原因致使也先极度怀疑脱脱不花大汗——其姐姐嫁与脱脱不花为妻，但所生之子却未能登上太子之位。对此，也先大为不满，伺机暗杀了脱脱不花。这就如同此前的马市一事，他仅仅因为心有不甘，就直接进攻明王朝。

也先的行事势必不得人心。倘若首领是位凶残之徒，稍有怀疑就大开杀戒，那部下们将终日难安，惶惶度日。若是真的如此，倒不如先下手为强，在被对方杀害前先出手将其杀害。于是，阿剌知院轻而易举地除掉了也先。不久，阿剌知院离世，盛极一时的瓦剌政权日益衰弱。随后，号"小王子"的脱脱不花之子——麻儿可儿即位，塔塔尔势力日益强盛起来。

遗憾的是，在双方的交战中，众多士兵死于非命。明王朝简直就是自作自受——以宰相为首的朝廷重臣死于乱军之下，皇帝成为战俘。然后，无论是塔塔尔部落首领，还是瓦剌部落首领皆遭杀害，首领继承混乱不堪——这恰似多米诺骨牌，一牌倒下后其余众牌纷纷倒下。为何明王朝会走到这番田地呢？

历史长河的底部暗涌着一股强大的力量，正是这股力量引发了这一系列事件。不过，事件的直接导火线正是蒙古战马。或许有人会怀疑，仅仅只是战马吗？

不可否认的是，马市的纠纷正是引发此后一系列事件的导火线。正如上文记述的那般，蒙古战马与日本刀剑的交易情况极为相似，两者与明朝间的交易规模都不固定。不过，日本刀剑的交易规模小，引爆大事件的力度不够，最终因沿途发生口角斗殴而立马遭到了遏制。此谓一大幸事！

既然"朝贡"暗藏着如此巨大的危险，为何明王朝不下令废除呢？一旦废除，不就可以高枕无忧了吗？此法亦不可行。国家威严居万事之首。企业能轻易废除不盈利部门，但国家不行！国家并非营利机构，它高度重视品格，必须夸耀四方蛮夷前来进贡的盛况。

足利义满将军俯首称臣，向明朝进贡。不过，其子义持却停止了朝贡。《明史·列传·卷二百一十》记载："宣德七年正月（1432 年），帝念四方蕃国皆来朝，独日本久不贡，命中官柴山往琉球，令其王转谕日本，赐之敕。明年夏，王源义教（足利义教）遣使来。"虽然蒙古马与日本刀剑问题相当复杂棘手，不过藩属国一旦停止朝贡，则有损龙颜。为此，明宣宗感到焦躁不安，但又碍于无法明说，只得通过琉球王国来催促日本朝贡。

1

由《唐大和上东征传》[1] 的记述可知，唐高僧鉴真一行人在第五次东渡日本时遭遇了狂风巨浪。他们一直向南漂流，最终抵达海南岛南端的振州，即崖县（今海南省三亚市）。时任振州别驾的冯崇债闻讯之后，亲迎鉴真一行人。

在当地的大云寺，鉴真一行人住了整整一年。当时，寺院年久失修，破败不堪，他们便把那些原本打算带去日本的佛像、佛具等全部用于大云寺的修缮中。

唐朝官制中规定，州的长官为"刺史"，次官为"别驾"，同时下设"长史""司马"等职。依据辖区内户口数量，州还进一步被细分为上州、中州及下州。因此，州刺史的官阶也产生了一定的差异——上州刺史官居从三品，中州刺史居正四品上，下州刺史则为正四品下。元和十年（公

---

[1]《唐大和上东征传》：又名《过海大师东征传》《鉴真和尚东征传》等，日本真人元开用汉语文言文撰写于公元 779 年。

《东征传绘卷》（局部）
该画作完成于 13 世纪，共 5 卷，总长达 83 米，讲述了鉴真的一生

元 815 年），白居易因越职言事被贬，从太子左赞善大夫左迁为江州（今江西省九江市）司马。换言之，即从正五品下被贬至从五品下。从长安赶赴江州的途中，白居易路过望秦岭时不由得作诗一首，题为《初贬官过望秦岭》。

> 草草辞家忧后事，
> 迟迟去国问前途。
> 望秦岭上回头立，
> 无限秋风吹白须。

赴任后，白居易隐居于庐山香炉峰下，无心官府政事。他曾在诗中写道："司马乃为送老官。"意思是说司马之职无异于退休官职。

据《旧唐书》记载，海南岛振州的辖域户数为八百一十九户，属于下州中的小小州，下州别驾官居从五品上。当时的都城位于长安，由此看来，海南岛南端实为边境之地。即便被任命为州刺史，官吏们也毫无赴任之意。于是，朝廷便任命当地的名门望族为别驾，将地方事务全权交由他们处理。

振州别驾冯氏尊南北朝时期前去赴任的长官为先祖。大同年间（公元535年—公元546年），罗州刺史冯融之子——冯宝迎娶高凉蛮族大首领洗氏之女为妻。洗夫人[1]虽为女儿身，却统率着十余万家穴居部落，受万人敬仰而被尊为"圣母"。冯洗两氏联姻无疑是中央官员与土著势力的政治大联合。

南朝梁时期，冯融曾任罗州刺史。罗州所辖区域大致为今广东省南部、雷州半岛至海南岛地区及广西部分地区，州都位于雷州半岛北邻的化州、廉江地区。这些地区自古以来就是少数民族聚居之地。直至今日，海南岛上还设有黎族苗族自治州[2]（已撤销），广西则有壮族自治区。冯融联合这些少数民族的部落首领，势力深入西南地区。

与鉴真同一时代的著名大宦官——高力士也为冯系一族子孙。去势之后，他入宫仕于玄宗，深得圣宠。为平六军之乱而必须处死杨贵妃之际（史称"马嵬驿兵变"），玄宗也将处决之事全权交由高力士负责。

"宦官"一词总给人一种阴险小人的印象，但其中也不乏顶天立地之人，明代的金英及兴安两人便是最好的例证——"土木之变"时，他们怒

---

[1] 洗夫人（公元522年—公元602年）：名英，高凉郡人，南北朝时期两广地区的俚族女首领，率领俚族归附隋朝而封为"谯国夫人"。

[2] 海南黎族苗族自治州：1955年成立，1987年撤销。本书收录的文章原刊登于1976—1980年的杂志上，故原仍用旧名。

斥惊慌失措的朝廷重臣，决意死守北京。安史之乱爆发后，高力士随玄宗一同前往四川，后遭人陷害而被流放黔中道。不久，幸遇皇恩大赦而得以重回长安。不过，抵达朗州之时，高力士得知了太上皇玄宗已经驾崩的消息。他北望号啕恸哭，最终吐血而亡。

《旧唐书·列传·卷一百三十四》记载："高力士，潘州人，本姓冯。"潘州横跨两广，旧属罗州辖地。《新唐书》记载："高力士，冯盎曾孙也。"而冯盎乃是洗夫人与冯宝之孙。冯盎曾在唐朝为官，屡次平定叛乱，立功无数，拥有的土地纵横两千里，遍布着一万多名奴婢。他生活于隋朝至初唐时期。在政权更迭中，他巧于度世，始终坚守着冯氏一族在岭南地区的地盘。

不过，奴婢一万余人的数目着实庞大。听闻鉴真漂泊至振州的消息后，当地别驾冯崇债立马派遣士兵四百余人前去恭迎。一年后，又派八百余名甲兵护送他们回到本土。振州位于海南岛南端，实为边鄙之地。冯崇债虽为冯姓一族，但到他这一代时，冯氏一族早已经历了多次分家。不过，其手下人员依旧充足。在当时那个以人力为主要生产力的时代中，能够调用如此大量的人员，可见其财力是何等雄厚。

在八百甲兵的护送下，鉴真一行人前往万安州。万安州也处于冯氏一族的势力圈范围内。《唐大和上东征传》中还记述着一位万安州的大首领，他虽非朝廷命官，却是位响当当的大人物，名曰"冯若芳"。从姓氏来看，也必是冯氏子孙。

2

《唐大和上东征传》记载：

……别驾冯崇债自备甲兵八百余人护送，经四十余日，至万安州。州大首领冯若芳请往其家，三日供养。若芳每年常劫波斯舶二、三艘，取物为己货，掠人为奴婢。其奴婢居处南北三日行，东西五日行，村村相次，总是若芳奴婢之住处也。若芳会客，常用乳头香为灯烛，一烧一百余斤。其宅后，苏芳木露积如山。其余财物，亦称此焉。

难以置信的是，鉴真一行人竟耗时四十日之久才抵达万安州。万安州为今海南省万宁市，距振州不足二百公里。虽然我仅看地图无法准确推知两地间的地形情况，但耗时四十余日不免过于夸张。或许是因为他们优哉游哉、游山玩水般地前行才导致大耗"四十余日"，又或者是这里的"四十余日"实为"四、五日"的误写。我也曾读到过法显西行天竺（今印度等地）取经归来的故事，他比鉴真生活的时代早三百余年，但从广州至爪哇的路途才不过花了五十天。

不过，在此我想搁置一下振州到万安州间的耗时问题，对以下的一大问题进行探究——万安州首领冯若芳光明正大地干着海盗勾当。

万安州本身就是个疑点重重之地。据《旧唐书·志·卷二十一》记载可知，唐代虽设立了万安州，却不知具体的设立年月——"失起置年月"。甚是不可靠！

虽然我们已无法知晓万安州的设立年月，但在天宝元年（公元742年），即日本僧邀请鉴真前往日本那年，万安州更名为"万安郡"。至德二年（公元757年），又更为"万全郡"。翌年，再次变回"万州郡"。

《旧唐书》中冷冰冰地记载："无户口。"就此记述来看，当时的万安州荒无人烟，难觅人迹。不过，在上述《唐大和上东征传》的记述中，此地人口稠密——"这是片奴婢村连绵的宽阔之地，从南至北需走三日，东西则更是耗时五日"。在记述上之所以出现这番云壤之别的景象，想必是当地居民未向官府申报户口吧。且不说名义上的刺史，就连别驾、司马等下属官员也根本不存在，而是由"大首领"一手包办州里的全部事务。我虽不知上文记述的"乳头香"究竟为何物，但无疑是种名贵的香料，且可点燃用以照明。

　　为何能在这般偏僻之地过上如此奢靡的生活呢？《唐大和上东征传》一书中毫不隐讳地提及了冯若芳从事海盗勾当——"每年常劫取波斯舶二三艘，取物为己货，掠人为奴婢"。

　　昭和（公元 1926 年—公元 1989 年）初期，日本召开了一场纪念天平 [1] 文化的讲座，文学博士高楠顺次郎 [2] 发表题为"以天平时代为中心来看印日两国间的关系"的演讲。文章中记述道：

> ……海南岛首领冯国芳是名大海盗。当时的船运交通中，当属波斯（今伊朗）最为先进。随着其他宗教的传播，波斯传统的火教信徒被迫流亡国外，其中那些财力雄厚之人积极地从事贸易。后来以善于经商之名蜚声中外的印度商业种族，正是当时逃亡至印度内地的帕西人（即波斯人）。帕西族通常一年派出五艘或十艘波斯船东航。若来五艘，就劫两艘；若来十艘，则劫四艘——冯若芳等人以这种形式有组织地进行海盗活动。他们考虑到若是劫下全部的东航船只，波斯人也就渐渐不来了，所以只选择劫取其中的一小部分。他们没收船只，缴获货物，建立波斯部落，让波斯的男男女女居住其中。这个波斯村宽阔无比，东西十里，从南至北需二日脚程。《过海大师东征传》（即《唐大和上东征传》）中记录着原打算东渡日本的鉴真和尚、东大寺的留学僧荣叡和普照一行人漂流至此岛后，从振州江口进入，在三亚上岸时的情况。他们看到的波斯村就是前文提及大村，"东西十里，从南至北需二日脚程"。我想村子中或许至今还能看到波斯人……

---

　　[1] 天平：日本圣武天皇时代的年号（公元 729 年—公元 749 年）。

　　[2] 高楠顺次郎（公元 1866 年—公元 1945 年）：日本佛教学者，广岛县人，著《佛学哲学概要》《佛教的真髓》等。

生活在这里的显然为波斯人，而非阿拉伯人。当然，波斯的火教，即指拜火教，亦即琐罗亚斯德教。

琐罗亚斯德教，即琐罗亚斯德创设的有关善恶二元论的宗教，大约形成于公元前 7 世纪至公元前 6 世纪。在萨珊王朝（公元 224 年—公元 651 年）统治时代，绝大多数伊朗国民都为琐罗亚斯德教徒。"善与恶""光明与黑暗"——无论人类，还是世间万物，都视为这两者间的斗争。对于光明之根源——"火"，信徒们满怀尊崇之意，且对其进行参拜，故又名"拜火教"。真神阿胡拉·马兹达创造了"善"，凶神阿里曼则创造了"恶"。

为了便于称呼，世人们将其简单地称为"拜火教"。不过值得注意的是，信徒们不仅仅只将"火"视为神圣之物，对空气、水、大地等一切自然之物都极为崇拜、敬畏。相对于自然的神圣，人的尸体则为不净之物，万万不可用神圣之火来燃烧不净之身。琐罗亚斯德教徒离世后，其尸体会被放入一个敞开的宝塔内，宝塔的形状类似于没有伞形圆屋顶的球场。塔的上空盘旋着蓄势待发的鹰鹫，等待着将新来的尸体啄食殆尽。如今，孟买居住着大量的拜火教徒，他们的墓地称为"沉默之塔"，已成为市内的一大胜地。

7 世纪中期，统治伊朗四百余年的萨珊王朝彻底被阿拉伯军团征服了。当时，萨珊王朝将过多的精力倾注于对外战争中，欲同宿敌罗马一较高下。这无疑导致了王朝国力的消耗殆尽。值得一提的是，伊朗也存在"中华思想"，他们自恃为文明的中心，周边都是尚未开化的野蛮民族。不过，他们做梦也想不到自己有一天会败在阿拉伯人的手中。

阿拉伯当时的文明程度远不及伊朗，这一点毋庸置疑。不过，他们拥有着强有力的武器。那便是穆罕默德创立的宗教信仰。

相传，穆罕默德于公元 610 年前后在希拉山洞得到天启。随后穆罕默德不断遭受迫害，最终离开了麦加，迁移至新的传道点——麦地那。这一年正是公元 622 年。"迁移"一词的阿拉伯语为"希吉来"。由于伊斯兰历始于穆罕默德迁居麦地那那年，所以又称"希吉来历"。

公元 642 年，萨阿德将军率领的阿拉伯军团在尼哈万德击败了萨珊王朝君主——叶兹德吉尔德三世所率的伊朗军。曾经在沙漠中四处逃窜的阿拉伯人，短短 20 年内就形成了一股强大势力，彻底降服了波斯大帝国。

琐罗亚斯德教徒的悲剧正是始于此。不过，有学者主张，统治伊朗的阿拉伯政权（古称"大食"），即正统哈里发时代 [1] 的萨拉森帝国（即阿拉伯帝国），其实并没有强制琐罗亚斯德教徒改宗，当时的制度只规定要支付吉兹亚税（即人头税）。不过这一举动，于那些尚未改宗易教的琐罗亚斯德教徒而言，无疑让伊朗成了一片难以生活的土地。

3

公元 749 年，鉴真和尚漂流至海南岛。当时距离萨珊王朝灭亡，早已过去一个多世纪。

琐罗亚斯德教徒即便忍受着支付人头税的屈辱，实际生活中还是必须忍受诸多不便。这些教徒对伊朗文明抱有强烈的自豪感，誓死守护本国文明及宗教。不过他们渐渐醒悟到，与其委曲求全，不如索性离开。

或许他们一开始还梦想着萨珊王朝或者民族政权有朝一日会复兴，所以坚守故土，拼命生活着。不过目睹阿拉伯势力日渐强盛之后，他们彻悟民族政权复兴不过是南柯一梦了。波斯全然成了一片陌生的土地。经过漫长的岁月洗礼，他们得以坚定地做出判断并决意离开——这已不再是那片值得我们不惜忍受屈辱、不便也要死守到底的土地。

波斯商人进军国外市场是始于萨珊王朝的全盛时期。中国人将琐罗亚斯德教称为"祆教"，早在南北朝时期就已开始传入中国。不过在南北朝

---

[1] 正统哈里发时代（公元 632 年—公元 661 年）：又称四大哈里发时代，"哈里发"是对阿拉伯国家政教领袖的称呼。伊斯兰教创始人穆罕默德逝世后，四个正统继承人相继执掌国家政教大权。

时期，祆教主要传入北方地区，例如北齐、北周等。

宗教的传播离不开信徒。因此，祆教先传入北方，也就意味着波斯人经由陆路来到中国的年代早于比海路，且陆路方式在当时更为普遍。大多数西域人是波斯人，或者说是伊朗系民众。李复言[1] 所著的《续玄怪录》中搜集了大量唐人传奇，其中一篇名为《杜子春传》。日本作家芥川龙之介曾对其加以改编，创作了同名小说，在日本颇具名气。故事的主人公杜子春是位落魄公子，数次从老人那里得到钱财，而老人居于"西市波斯邸"。

老人之所以能够源源不断地赠予杜子春钱财，家里定是有摇钱树。对当世之人来说，波斯人的宅邸就如同摇钱树一般，因为他们活跃于丝绸之路，在贸易中获取了巨额利益。在唐代，只要在长安提及波斯人，世人就会立马联想到富贾豪绅。

《杜子春传》的卷首记载："杜子春者，盖周、隋间人。"这里的"周"即指"北周"（公元557年—公元581年），隋朝则在公元618年灭亡，所以杜子春所处年代显然是在萨珊王朝灭亡以前。由此可知，波斯商人是在萨珊王朝的庇护下进行商业买卖的。

当时的波斯人聚居长安，祆教寺院也如雨后春笋般涌现。中国百姓将其称为"祆祠"。翻阅徐松[2] 所著的《唐两京城坊考》可知，长安城内建有祆祠的坊（即街区）大多集中在西城，例如布政坊、醴泉坊、普宁坊、崇化坊等坊区。崇化坊的祆祠创建于贞观五年（公元631年），也称为"波斯寺""大秦寺"。东城的祆祠位于清恭坊内，只此一处。布政坊建立于武德四年（公元621年），当时的萨珊王朝尚且国泰民安。

---

[1] 李复言：唐代小说家，生卒年不详。其著作《续玄怪录》为传奇小说集，受当时佛教、道教影响，多为因果、轮回之事。

[2] 徐松（公元1781年—公元1848年）：清代地理学家，其著作《唐两京城坊考》记录了西京长安和东京洛阳的风土人情。

陈垣[1]在论文《火祆教入中国考》（北京大学国学季刊第一卷第一号）中考证了琐罗亚斯德教在北魏神龟年间（公元 518 年—公元 519 年）传入中国。不过，这只是可考文献中所记载的最初时间。值得注意的是，宗教并非巨大的货物，而是深深埋藏于信徒心间的可移动之物。如此看来，胡人（波斯人）踏上中国大地之时正是琐罗亚斯德教传入之时。

隋唐时期，朝廷特设专职官员来管理波斯人及祆祠，他们基本都为祆教僧侣。《长安志》[2]对布政坊胡祆祠的注解为，"祠内有萨宝[3]府官，主祠祆神，亦以胡祝充其职。"

世人称与"女祭祀"相对的男性同职者为"祝"。因此，这里的"胡祝"即指波斯教徒，朝廷任命他们为官吏。据《通典》[4]所载可知，萨宝为正五品官，萨宝府祆正为从七品官，均为流内勋品（即九品至一品官）。不过，朝廷还设有四品萨宝率府，五品萨宝府史等流外勋品，只要缴纳金银钱财便能获得相应的职称。

《隋书·百官志》中记载着的"从七品萨保"，等同于唐代的"萨宝"一职。人们普遍认为这一官名来源于维吾尔族语，因为"队商[5]领队"的维吾尔族语为"Sartpau"，音译为汉字便是"萨保""萨宝"等。北齐时，鸿胪寺（相当于现在的外交部）典客署之下设有"萨甫"一职，想必与"萨宝""萨宝"等别无二致吧。

如上文所述，我在参考先人研究的基础上，得知早在萨珊王朝时代，琐罗亚斯德教就已涌入中国。

萨珊王朝灭亡后，王族相关人士最先亡命到了中国。由于平民受家

---

[1] 陈垣（公元 1880 年—公元 1971 年）：中国卓越的历史学家、宗教史学家。

[2]《长安志》：宋敏求于北宋熙宁九年（公元 1076 年）所著，中国现存最早的古都志。

[3] 萨宝：唐朝管理祆祠的官府机构，隶属于礼部。

[4]《通典》：唐代杜佑所著，记载了历代典章制度的变迁，中国第一部体例完备的政书。

[5] 队商：中世纪以前的朝圣兼经商者，常在欧、亚、非洲各地沿着陆路结队同行。

庭、工作所缚，所以打算先观望观望情形再作决定。不过，王族的情况尤为危急，根本容不得他们观望。若他们继续逗留波斯，恐怕会招致杀身之祸。

末代君主叶兹德吉尔德三世所率领的伊朗军，在尼哈万德被阿拉伯军团击败，然后其子卑路斯王子携幼子泥涅斯亡命唐朝。长安醴泉坊祆祠，就是卑路斯王子为亡命的波斯人建造的。其子泥涅斯志在复兴萨珊王朝。公元679年，在唐朝的援助下兴兵复仇，结果不遂人愿。景龙二年（公元708年），被击败的泥涅斯重返长安。在异国他乡的长安，这对王族父子结束了一生。

4

"昭武九姓"，即西域人改易汉名时所需使用的九大姓氏。不过《唐书》和《文献通考》[1]两书中对这"九姓"的记载不一。《唐书》中的"九姓"为"康、安、曹、石、米、何、火寻、戊地、史"。《文献通考》中则为："米、史、曹、何、安、小安、那色波、乌那曷、穆"。

于阗（今和田等地）的尉迟氏、疏勒（今喀什地区）的裴氏、龟兹（今库车市等地）的白氏（或帛氏）等新疆维吾尔自治区的百姓姓氏未列入"昭武九姓"中。所以昭武九姓并未涵盖西域地区的全部姓氏。于阗、疏勒、龟兹等地的各大姓氏给人一种自家人的亲切感，而"昭武九姓"总体上令人感觉生疏，似远亲一般。

据说，九姓之中的"安、曹、史、米"等姓氏基本为祆教徒的姓氏，也可以彻底将其视为伊朗系姓氏。

活跃于中国南方的波斯人经由海路抵达中国，抵达时间晚于经由陆路

---

[1]《文献通考》：宋元时代的马端临所著的一部典章制度史，承袭了《通典》，并且丰富了内容。

的波斯人。其中，部分波斯商人通过贸易获得了巨额财富，在广州、洪州等地过着富足的生活。唐人传奇中，经常会出现"洪州胡商"的身影。想必是洪州这个地方聚集着大量富裕的波斯商人吧。不过，那些经由海路来华的波斯商人中，也不乏可怜之人，他们不幸被海南岛的冯若芳这样的大海盗所劫持，被当作奴婢呼来唤去。

伊朗的琐罗亚斯德教徒沦为少数派后，大约经过一个世纪的抗争，最终放弃了故土，移居海外。公元751年，迁移到波斯湾的霍尔木兹。公元766年，又抵达卡提阿瓦半岛。十九年后继续南迁，最终于公元785年在桑詹（今印度的古吉拉特邦）登陆。这似乎是人类历史上的首次人口大迁移。如此看来，前往广州进行贸易且被海盗虏获之人，或许并非信仰琐罗亚斯德教的波斯人，而是改宗后的波斯人。

此外，惨遭迫害的少数集团虽然处境危险，但却极为团结，他们严格地采取团体行动。据此也可推知，居住在海南岛上的波斯人成为琐罗亚斯德教徒的可能性极小。

将圣火带至桑詹的琐罗亚斯德教徒团体，两次吸收了其他亡命的琐罗亚斯德教徒。

在霍尔木兹时期，这些亡命的琐罗亚斯德教徒尚且还是伊朗教徒。后来，他们又移居至卡提阿瓦半岛，那里则完全属于印度。在印度，他们始终被当作外来者对待，印度人不屑地蔑称他们"波斯佬"。他们虽在印度生活了一千两百年，但依旧为帕西人。

为了能够定居古吉拉特邦，琐罗亚斯德教徒答应了印度土邦主贾迪·拉纳的两大条件：一是放弃母语，改用当地语言——古吉拉特语；二是女性必须身着印度纱丽。这些教徒们正是为了守护心中的信仰才无奈离开故国，如今这一信仰更为强烈，不断延续着。

1490年，距琐罗亚斯德教徒将圣火带至桑詹那年已整整逝去了七百零五个年头。在萨鲁塔·马佛穆德·必加拉率领的军队的攻击下，帕西人不得不带着圣火逃匿至巴尔弗特的群山中。翌年，他们又高擎圣火至纳乌萨

唐壁画中的胡人

利，于公元 1516 年，圣火再次回到桑詹。

公元 1733 年，圣火被带至苏拉特（古吉拉特邦的港口城市），圣火的移动意味着帕西族的集体移动。由于桑詹遭到洗劫，帕西族不得不重新寻找新天地，于是便移居到了坎贝湾对岸的苏拉特。

对帕西族而言，迁居苏拉特实为幸运之举。英国东印度公司首先在苏拉特设立总贸易点，从事与东方间的贸易。由于当时的印度莫卧儿[1] 帝国政府不乐意同英国人正面接触，令帕西族充当中间人。帕西族顺势利用英国东印度公司这一强大的组织及机动力，淋漓尽致地发挥了商业种群的才能。

帕西族从苏拉特移居至孟买的准确年代，我们不得而知。不过，他们必定会选择移居到最适合经商的地方。

在故国伊朗，他们饱受着迫害。虽然在阿拉伯帝国不曾遭受迫害，但永久地舍弃祖先生活的故土，必定是痛心疾首之事。移居印度后的帕西族虽被当作外来者对待，但却没有受到残忍的迫害。和生活在同一片土地上的印度人一样，他们也曾在动荡中迁移。

就像面对地震和火灾一样，他们的遭遇令人悲伤却也有所欣慰。欣慰的一大理由是因为他们为保留宗教而舍弃故国语言。不过，最为重要的理由当是帕西族优良的伦理道德。

通过对善恶二元论的解析，琐罗亚斯德教将"恶"的丑相更清晰地揭露于世人面前，而对善的憧憬则不可动摇地扎根于教徒们的心中。他们当中既无行窃之人，也无说谎之人。世人皆知帕西族最重信誉，这对他们的商业贸易大有裨益。

帕西族人口不过十多万，却掌握了整个印度的大部分财富。他们当中的大部分人居住在孟买，墓地"沉默之塔"就建于市内的一等地——马拉

---

[1] 莫卧儿帝国（公元 1526 年—公元 1857 年）：印度的封建专制王朝，最终被英国殖民者推翻。

巴尔山冈之上。

《波斯古经》[1] 被尊为琐罗亚斯德教的"圣书"，它成为教徒间强大的联系。此外，他们还专设监视机关——潘查亚特（Panchayat）来监管信仰、风俗、伦理、对外关系等各个方面。

帕西族基本都为宗教团体，所以僧职人员的话语自然具有权威性。前文提及的潘查亚特就是由僧职人员按一定比例组成的。

令人难以置信的是，即便经过一千二百年的岁月洗礼，帕西族的各大宗教小团体依然未能融入印度社会中。这或许跟印度社会本身的形成方式有关——在保留种姓制度 [2] 的基础上形成。因此，或许帕西族的自治也受其保护。

在唐朝，以王族为首的众多波斯人逃亡至中国。文献明确记载了全国各地都开始兴建拜火教寺院，即祆祠。这些寺院由"萨宝"负责管理。不过，即便如此，祆教也早已在中国销声匿迹了。

众所周知，摩尼教和拜火教在唐代是两大不同的宗教团体。咸淳七年（公元 1271 年）编纂而成的《佛祖统记》中载有"末尼火祆者"。据此可知，宋代以后，摩尼教和拜火教合二为一，成了一大宗教团体。

波斯人末裔虽多，但他们信仰的琐罗亚斯德教却在二三百年的时间内失传了。宗教一旦解体，以此为枢纽的波斯社会也就不复存在。在中国这片汪洋大海中，他们渐渐以中国人的身份存活下去。

中国社会潜藏着巨大的魔力，可以包容一切事物，然后对其消化吸收。除了琐罗亚斯德教徒以外，犹太集团也在中国这片土地上消失了。琐罗亚斯德教和犹太教徒虽失去了自己的语言，但他们依然是一群不失信仰、不失生活方式、不失意识的坚强群体。那么他们为何被中国社会同化

---

[1]《波斯古经》：直译名为《阿维斯陀》，名字的意思是"智识""经典""谕令"等。

[2] 种姓制度：一种以血统论为基础的社会体系，有多种细致的划分方法，主要划分出许多以职业为基础的群体。

了呢？由此，各类假说横空问世。

其中，我个人认为最具说服力的便是"家族制度"学说。该学说主张：在中国，一个大家族形成一个社会，大家在成百——有时甚至是上千人——的血缘集团中共同生活，因此渐渐变得不需要其他容身之所。移居印度的琐罗亚斯德教徒深信除宗教以外没有别的容身之所，所以在千百年间一直死守着圣火。

不知何时，袄教圣火在中国没了踪迹。它在不知不觉中，从中国社会消失了。

帕西族与东印度公司联合之后，在世界金融市场大展身手，足迹遍布世界。即便是在利息稍高的土地上，也一定有他们的身影。他们甚至还活跃于 19 世纪的广州，那座因鸦片贸易而变得喧闹不堪的城市。由于僧职阶级的帕西人围着白色的头巾，所以当时的中国人称其为"白头夷"。不过，即便白头夷们到了中国，也再找不到往昔的同族人。

1

我在《历史与文学》杂志上连载《印度三国志》时，还没有踏上过印度这片神圣的土地。我幸得在外语学校度过大学生涯，曾学过点儿印度语和波斯语，不过也仅仅只是比一般人多一些有关印度文化、历史的相关知识罢了。

在此次的印度之旅中，我首次目睹了小说的舞台。通过此次亲身游历，我觉得并不需要对《印度三国志》的内容大加改动。当我连载小说时，未曾亲眼见过印度的风景，未曾亲身感受过印度的风土人情，但却很好地描绘出了印度的面貌。以上内容虽有王婆卖瓜自卖自夸之嫌，但我多少还是对自己感佩不已。

当然，现实与想象之间还是存在一定的差距。1658 年至 1666 年，印度莫卧儿帝国皇帝沙·贾汗（Shāh Jahān）被儿子奥朗则布（Aurangzēb）整整幽禁了八年，直至离世。

我一直思索沙·贾汗是不是被幽禁在了更为阴暗之地？其兄贾斯洛曾被父王关进地牢，他本人也残忍地剜去弟弟沙尔雅尔的双眼。莫卧儿帝国的王位继承问题错综复杂，交织着无尽的黑暗。因此，我便认定幽禁之所势必阴暗无比。况且，"幽禁"一词中的"幽"字本就含有"阴暗"之意。

不过，出乎意料的是，沙·贾汗被幽禁在了无比敞亮之地。屋子是由白色大理石修砌而成的华丽殿堂。倚在窗边，远处的亚穆纳河风光一览无余；为亡妻穆塔兹·马哈尔（Mumtaz Mahal）修筑泰姬陵也尽收眼底，白色大理石更显圣洁无比，壮丽绝伦。

在整整八年的时间内，被幽禁于此的沙·贾汗终日眺望着爱妻的陵墓，郁郁度日。这般境遇确实无比暗淡，但幽禁之所如此敞亮则全然超乎我的想象。

我曾在自己的小说中这般描述道：

> 在阿格拉红堡的房间内，他能望见那座埋葬着最深爱之人的冰冷墓冢——泰姬陵，圆形的屋顶在寂静的月夜中如梦一般光彩熠熠。这般景象该是如何刺痛废帝之心啊！在女儿贾汗娜拉·贝加姆（Jahanara Begum）的陪护下，八年的幽禁生活落下了帷幕，他最终与爱妻同眠于泰姬陵。

我虽没有在文中写明幽禁之地是明还是暗，但在执笔之时，浮现在脑海里的则是更为幽暗之地。或许对上文内容不必予以更正，但由于想象与现实之间存在着一定偏差，我总想着做一番修正。

贾汗娜拉·贝加姆的房间就在父王沙·贾汗的房间旁，只要拍一下手就能听见声音。想必有亲近之人陪在身边多少能令废帝安心吧。

会客厅比我想象中更为狭窄。不过，正式的朝贺之地比较宽敞。大概是因为会客厅只是接见外国使臣、前来归顺的首长等极少数人，所以没必要那么宽敞吧。厅外是铺满大理石的美丽庭园。归顺的首长携重要下属前来谒见之时，部下们可在庭园中静候。

阿格拉红堡的构造是开放式的。这或许与莫卧儿帝国的王室为游牧民

泰姬陵

族相关。

"希瓦吉[1] 曾经在这里见过奥朗则布[2] 呢！"印度政府观光局的库马尔氏（Kumar）对我们解说道。他现在新德里工作，但故乡是阿格拉[3]，从小在那里长大，也在那里上了大学。不说别的，他对阿拉格的历史可谓了然

[1] 希瓦吉（公元 1630 年—公元 1680 年）：印度民族英雄，领导起义反对莫卧儿帝国的统治，建立了马拉特王国。

[2] 奥朗则布（公元 1618 年—公元 1707 年）：莫卧儿帝国第六位君主，把帝国疆域扩到最大，却激发了国内矛盾。

[3] 阿格拉：位于印度的北方邦，亚穆纳河的西岸，曾经两度作为莫卧儿帝国的首都。

印度教湿婆

于心。此外，他父亲是位大地主，拥有亚穆纳河对岸的大部分土地。

莫卧儿帝国曾诞生了奥朗则布这般极其厌恶印度教的帝王，但在阿格拉城内却还能看到印度教的部分元素，这令我倍感意外。在第三代皇帝阿克巴（Akbar）统治时期，莫卧儿宫廷内的宗教信仰极其自由，后宫中也不乏信仰印度教的女性。他甚至曾任用印度教信徒来担任王子的家庭教师。

阿克巴驾崩后，贾汗·吉尔（Jahāngīr）即位。或许由于母亲是印度教徒的缘故，贾汗·吉尔时代建造的宫殿中多印度教风格的装饰。不过，贾汗·吉尔之孙——奥朗则布却狂热地破坏神像。

如今，印度各地的博物馆中所收藏的众多无头佛像、印度教神像就是奥朗则布时代的产物。但是就算是他权势冲天，也做不到一扫宫殿中印度教风格的圆形屋顶。

当时确实是一看到神像，就会将其卸下。通过卸除、涂抹等手段，让世人从外观上难以辨识，而破坏的痕迹却一直残留着。这类行为恰恰给人一种此地无银三百两之感。即便对局部施以改变，也不可能拆除整幢建筑中印度教风格的圆形屋顶。我越想就越觉得奥朗则布的这一举动毫无意义，不过是徒劳罢了。

奥朗则布这种统治者若不会向现实低头、妥协，那么势必无法顺利地施行统治。统治者必须拥有一颗宽容之心。遗憾的是，奥朗则布并非宽容之人。统治者一旦失去包容能力，帝国大厦也将摇摇欲坠。

满怀使命感的奥朗则布东奔西走，终日沉迷于战斗中。

敌人比比皆是！因此，奥朗则布没有时间在阿格拉城堡内悠然度日。晚年，他一直出征德干（位于印度中部和南部）。不过，这些战争并非是由他人挑衅而起，都是他本人发动的侵略战争。

凭借强大的帝国军队，奥朗则布战无不胜。不过，一旦打倒一个敌人，就会有千千万万别的敌人出现。在持续的胜仗中，莫卧儿帝国的疆域面积达到史上最大。但是，他也因此失掉了人心。连年的对外战争使国家财政陷入困境，原本强盛的大帝国日渐式微。他离世后，莫卧儿帝国已四分五裂，不过是拖着残骸苟活于世。史学家们也一致认为，正是奥朗则布将帝国带入了死亡的深渊。

2

我们一路坐车从阿格拉前往新德里。

如今，印度极端抑制进口，只要是国内能够生产的以及将来有望生产的产品一律禁止进口。换言之，几乎所有商品被禁止进口。虽然以"经济动物[1]"著称的日本以暴风般的出口攻势袭击各国市场，但对印贸易却呈现入超状态（贸易逆差）。对日本而言，除产油国以外，印度是唯一一个贸易入超国。

这种贸易政策自然是把双刃剑，有利也有弊。由于我不太熟悉经济问题，所以只能发表些许外行人士的浅薄看法。我个人觉得这一政策虽保护了国内产业的发展，但同时也会造成国内产品长期缺乏竞争，从而导致企业疏于技术革新、品质创新等方面努力。

印度"国车"——"大使"牌汽车由著名的帕西族商团——塔塔尔财阀制造。

据说，二十年来"大使"牌汽车都不曾更新换代。飞驰在马路上的汽车虽有新旧之别，但车型却别无二致。那些型号稍有变化的汽车基本都集中在外国大使馆附近。在经济并不发达的印度，或许汽车的换代升级是奢侈之事，但不可否认的是企业层面缺乏努力。

乘着"大使"牌汽车，我们离开了阿格拉。在前往新德里的路途中，必须前去一睹马图拉博物馆的芳容。一直以来，马图拉都被尊为印度教的圣地，尤以大黑天神[2]的诞生地著称于世。此外，它还与"犍陀罗地区[3]"一起，被誉为世界两大佛教艺术中心。对此，我那颗憧憬已久的心早已迫不及待。

对佛像稍有兴趣之人想必对"马图拉样式"并不陌生。两地虽同为佛教艺术中心，但风格却迥然相异。犍陀罗深受西方，尤其是希腊的影响，而马图拉则是含英咀华，汲取印度本土的养分，创造出了一系列原汁原味

---

[1] 经济动物（economic animal）：20世纪60年代末的巴基斯坦外交部长布托提出，用以批判日本始终追求"经济利益第一"。

[2] 大黑天神：音译为摩诃迦罗，又译为"大黑""大黑天"等。大黑天神是湿婆的化身，为印度教尊崇的天神之一。

[3] 犍陀罗：位于巴基斯坦北部及阿富汗东北边境一带，曾经有犍陀罗国——古印度的十六列国之一。

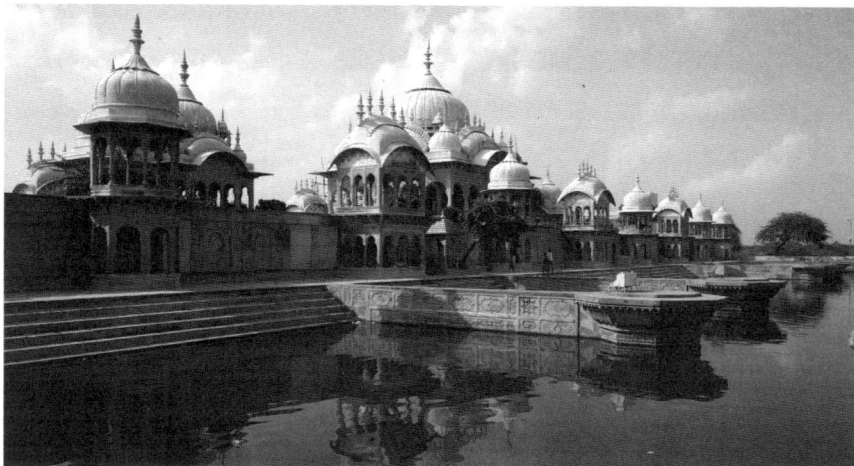

马图拉建筑

儿的艺术品。

如今的马图拉市是座人口十余万的中小城市。但令人诧异的是，博物馆附近的公园里竟然放置着战车。据说，此辆战车是在印巴战争中印方截获的巴基斯坦战车，而作为战争胜利的纪念，印度政府一直将其静置在公园里展示。

虽说是胜利的纪念，但"战争的胜利"又是何等虚无之物啊！想必印度国民从奥朗则布发动的一系列对外战争中深有体会吧。

奥朗则布统治时期，印度教圣地——马图拉无疑饱受着摧残。

阿克巴曾采取宗教宽容政策。其子贾汗·吉尔也因母亲是印度教徒而对异教信仰不加干涉。在贾汗·吉尔的治世中，比尔·辛格·布德拉这位伟大的设计师在马图拉建造了印度教大寺院。真正出台禁止新建印度教寺院的规定，则始于随后的沙·贾汗时代。

公元 1670 年，奥朗则布一声令下，马图拉兴起了一场大肆破坏印度教寺院的运动。并且他们将此材料用于别的建筑的建造中。这自然成了贾特人 [1] 起义反抗的衅端。

大肆破坏印度教寺院，并以此材料建造清真寺，此举无非是一种胜利的纪念。马图拉市公园里那辆中国制造的巴基斯坦战车也是如此，无疑是对胜利的纪念。

在皇子时代，奥朗则布曾被任命为德干总督。他以马利克·安巴尔 [2] 曾经建立的法特纳加尔 (Fatehnager) 为总根据地，当地旧都城也根据他的名字更名为"奥兰加巴德"（Aurangabad）。城郊立着一座"胜利之塔"。

闻名遐迩的埃洛拉石窟寺（Ellora Caves）和阿旃陀石窟寺（Ajanta Caves）就坐落在奥兰加巴德附近，那一带的游客络绎不绝。原本打算参观完埃洛拉石窟寺后，若时间留有余裕的话，就继续去参观胜利之塔。不过，因高塔挺拔地矗立着，所以不必特意前往就能远远地观赏到。

库马尔氏是地地道道的阿格拉人，所以在参观阿格拉时特别顺利。不过，这也是他初次来到奥兰加巴德，人生地不熟的我们只好在那边雇了个导游。碰巧的是，导游是名伊斯兰教徒，他甚至还特意带我们前去参观了胜利之塔，并且邀我们登塔顶一饱眼福。

---

[1] 贾特人：生活在印度次大陆的民族。印度次大陆，即喜马拉雅山以南的一大片半岛形的陆地。

[2] 马利克·安巴尔（Malik Ambar）：来自埃塞尔比亚的黑人，在南印度的德干高原受到了尼扎姆·沙希王朝的重用，之后该王朝被莫卧儿帝国所灭。

在奥朗则布统治时期，埃洛拉石窟寺也难逃被大肆破坏的宿命。不过，由于石窟的部分岩石过于坚硬，破坏者们不得不无奈放弃。深藏草丛中的阿旃陀石窟则更为幸运，顺利地躲过了此次灾难。直至英属印度[1]时代，石窟群才为狩猎的英国士兵无意间发现。

奥朗则布为皇后拉比·达乌拉尼修建的陵墓[2]就坐落于奥兰加巴德。虽然外观与泰姬陵相似，但规格却相去甚远。整座泰姬陵均由大理石修砌而成，而这座陵墓只有地基和圆形屋顶两部分由大理石砌成。从中也大概反映出了帝国的国力日渐衰微吧。

虽为皇后修建了陵墓，但奥朗则布自己却一无所有，死后也只是埋在梓树下罢了。虽然这是他的遗愿，但当时的莫卧儿帝国确实国库空虚，没有多余的钱财建造华丽的建筑了。接连不断的战争导致国家主体部分处于无政府状态，最后竟只有孟加拉一地的地方政府还在征收税金。

奥朗则布离世时，已达八十九岁高龄。那时，他似乎也意识到了——将莫卧儿帝国弄得这般荒废不堪，多少是自己的错。可谓是"愚蠢的悲剧"啊！

3

乘坐着"大使"牌汽车，我们再一次踏上了旅途——从佛教圣地佛陀伽耶前往瓦拉纳西。在途经瑟瑟拉姆 (Sasaram) 这座小城时，我们顺便造访了舍尔·沙（Sher Shah）的灵庙。

可能很多人并不认识舍尔·沙，但他却在印度的历史中发挥了不可替代的重要作用。无论是莫卧儿帝国，还是之后的英属印度政府，都是以舍尔·沙的统治为范式进行统治的。在统治方面上，他天赋异禀。唯一遗憾的

---

[1] 英属印度：英国于 1858 年到 1947 年间殖民印度次大陆地区。

[2] 陵墓：即比比卡马格巴拉陵（Bibi-ka-Maqbara），又称为小泰姬陵。

是，或许因平日里政务过于繁忙，他没能培养出优秀的继任者。他离世后，倾注一生心血缔造而成的王朝也随之分崩离析，白白让他人坐收了渔翁之利。

一提及舍尔·沙，我总会立马联想到秦始皇。或许这样的比较并不恰当，但回望印度历史，舍尔·沙所发挥的作用无疑类似于先驱者秦朝——为汉代的长期统治奠定基础。又或者是类同于短命的隋王朝，为迎接大唐盛世做好准备。

舍尔·沙出生在阿富汗部落的一个小首领家庭。至于为何笼统地称之为阿富汗部落呢？仅仅是因没为有别的称呼方式罢了。由于游牧民族拥有很强的机动性，终日驰骋于宽阔无垠的大草原上，所以在交错复杂的中亚地区常常出现难以命名的部落。从 16 世纪起至英属印度统治之前的这段时期，莫卧儿帝国统治着整个印度，该帝国之名——莫卧儿就是"蒙古的"讹音。

巴卑尔（又译作"巴布尔"）正是莫卧儿帝国的创始人。父系为帖木儿子孙，母系为成吉思汗后裔。因而，他是土耳其系与蒙古系的混血儿。若是从父系来看，他应属于巴卑尔系土耳其族。但是因为将成吉思汗尊为圣主的蒙古人以英勇善战著称于世，所以世人也将巴卑尔的军队唤为蒙古。

强大的军队就是蒙古军团。巴卑尔虽身为土耳其系，但其麾下的军团却并不拒绝这一称呼。一部分原因可能是因母系亲属流着蒙古族的血液，但更深层次的原因则可能是蒙古军团的称呼显得威风凛凛。再者，草原游牧民族根本就不会拘泥于此等小事。

既存在被土耳其化的蒙古部落，反之也存在被蒙古化的土耳其部落。既存在生活上不断被伊朗化的土耳其族，相反也有不断被土耳其化的伊朗系部落。

在中亚地区，阿富汗与塔吉克斯坦、乌孜别克斯坦和土库曼斯坦这三大共和国接壤。其中，从国名就能立马判断出土库曼斯坦人为土耳其系。乌孜别克族则是在很大程度上被伊朗化后的土耳其系部落。塔吉克族全然相反，恰恰是土耳其化的伊朗系部落。

乌孜别克族人的长相与塔吉克族酷似，两者根本性差异是所使用的语言。前者使用的乌孜别克语属于土耳其语系，后者使用的塔吉克语则属于印欧语系。语言为最后的壁垒。一旦语言的堡垒遭到突破，乌孜别克族就不再是伊朗化的土耳其系部落，而是分属于伊朗系部落。

　　阿富汗就像是中亚游牧民族中的落伍者云集之处，国内汇聚着很多难以区分的复杂部落。因此，也就一股脑儿地将其统称为"阿富汗部落"。当然，这个统称之下还存在了很多细分的小部落。舍尔·沙就是出生在阿富汗部落中的苏尔部落首领家，他随后建立起的短命帝国也因此被称为"苏尔王朝"。

　　舍尔·沙的祖父易卜拉欣·汗（Ibrahim Khan）为小部落的首领。当时的小首领为了生存下去，不得不臣属于势力更强大的首领。于是，他祖父投靠了罗第王朝[1]，为其效力。

　　从公元13世纪至公元16世纪，以德里（今印度首都）为中心的王朝频繁更迭。印度先后经历了古尔王朝、伊勒图特米什（Iltutmish）创始的奴隶王朝、卡尔吉王朝、图格鲁克王朝、赛义德王朝等。其后，赛义德王朝旁遮普[2]总督——巴赫鲁尔·罗第创立罗第王朝。罗第王朝第二任皇帝希坎达尔，因建设阿格拉城而广为人知。

　　这一时期，印度西北部的宗教浪潮急速推进。不过，这并不是阿拉伯人带来的。公元8世纪初期，阿拉伯人虽数次攻打印度西海岸，但只限于印度河下游地区。随着阿拔斯王朝[3]的衰亡，阿拉伯人就从印度的土地上消失了。

　　印度的宗教洪流是从阿富汗涌来的。外来势力进入印度时，一定会经

---

[1] 罗第王朝（公元1451年—公元1526年）：是德里苏丹国的第五个王朝，管辖范围包括今旁遮普、北方邦等地区，最终被莫卧儿帝国所灭。

[2] 旁遮普（Punjab）：词义为五条河流域地区，今分属于印度的旁遮普邦和巴基斯坦的旁遮普省。

[3] 阿拔斯王朝（公元750年—公元1258年）：阿拉伯帝国的第二个世袭王朝，中国古代称之为"黑衣大食"，由阿布·阿拔斯·萨法赫建立，后被成吉思汗之孙旭烈兀所灭。

由阿富汗。就连雅利安人——至今都声称自己是印度土著民族，也是在遥远的古昔通过这种方式从中亚进入印度的。开伯尔山口便是从阿富汗进入印度的入口。无论是军队，还是宗教。

王朝在德里频繁更迭时期，阿富汗和印度西北部同属一个文化圈，之间没有国界，无须护照就能自由出入。当时，那些对易卜拉欣·汗不抱好感之人将他称为从事马匹交易的商人，但是他自诩为夏恩萨布王朝 (Shansabānī) 的王族后裔。

夏恩萨布王朝定都阿富汗的古尔。公元 8 世纪，阿拔斯王朝与倭马亚王朝 [1] 争夺当地的主导权之时，夏恩萨布王朝支持阿拔斯王朝。

公元 12 世纪，夏恩萨布王朝首领臣属势力更为强大的伽色尼王朝 [2]。随后，在伽色尼王朝国力衰微之时，举兵造反，取而代之。大胜后甚至进军印度，平定了印度北部地区。出兵印度以后，人们一般将其称为“古尔王朝 [3]”。

伽色尼王朝是由土耳其系部落所建立的王朝。虽然夏恩萨布王朝雌伏其下，最终却将其推翻。究其缘由，是因为建立它的古尔部落为伊朗系部落。易卜拉欣·汗自诩为夏恩萨布王朝后裔，所以易卜拉欣·汗无疑是阿富汗部落中的伊朗系部落。

易卜拉欣·汗之子为哈桑·汗（Hasan Khan），而在哈桑·汗的八个儿子中，以舍尔·沙最为年长。他本名“法里德”，“舍尔·沙”一名则颇有来由。其中，“舍尔”意为“猛虎”，他曾在狩猎时干掉了猛虎而被罗第王朝君主赐予“舍尔”之称。“沙”意为皇帝，建立帝国后他自称“舍

---

[1] 倭马亚王朝（公元 661 年—公元 750 年）：阿拉伯帝国的第一个世袭王朝，中国古称“大食”。在正统哈里发执政结束后，由穆阿维叶所创立，即后来的哈里发穆阿维叶一世。

[2] 伽色尼王朝（公元 962 年—公元 1186 年）：突厥人建立的王朝，极盛时期统治了北印度、阿富汗、伊朗等大部分地区。

[3] 古尔王朝（公元 1148 年—公元 1215 年）：突厥人在阿富汗和印度北部建立的王朝，中国古称“郭耳国”。

尔·沙"。现代波斯语中，"舍尔"意为"狮子"，"虎"则为"Bubble"，不过，在古时，"舍尔"一词既含狮子之意，也有猛虎之意。

舍尔·沙虽为嫡长子，却不受父汗宠爱。当时，有位信仰印度教的妾室集万千宠爱于一身，哈桑·汗自然也就更宠爱她的孩子——斯雷伊曼和阿弗玛德等人。因此，舍尔·沙早早地离开了出生地瑟瑟拉姆，前往江布尔（今哈萨克斯坦江布尔州），成了贾马尔·汗的座上客。

4

瑟瑟拉姆位于印度比哈尔邦，毗邻北方邦，处于印度的东北部。

瑟瑟拉姆毗邻印度教圣地——瓦拉纳西 [1]，距佛陀开悟的佛陀伽耶亦不远。舍尔·沙离开瑟瑟拉姆前往江布尔时定会途经瓦拉纳西。江布尔位于瓦拉纳西的西北部，而瑟瑟拉姆恰恰位于瓦拉纳西的东南部。

父亲哈桑·汗决定将哈吉普尔和喀布尔思斯普尔两郡交由问题小孩舍尔·沙管理。他年纪轻轻便成为郡守，处理地方实际政务。在这般磨炼下，他开始得心应手起来，不久成了政务处理的能手。不过，他因同亲属间关系并不融洽，之后便转身离开了。这次，他选择委身巴卑尔——莫卧儿帝国创始人的麾下，可没过多久又离开了。

"靠得住的只有自己！"这便成了舍尔·沙坚定的信念。他开始养精蓄锐，凭自己的力量去占领土地，扩大势力范围。

当时，巴卑尔将据点设在阿富汗的喀布尔。他率军南下，横渡印度河，在帕尼帕特大战中击溃易卜拉欣·罗第，直攻德里。不过，游牧民族一般获取战利品后不会过多地依恋土地，这是他们的一大习性。攻占德里后，部下们欲撤兵返回阿富汗，此时巴卑尔毅然决定留在印度。他的这一决定彻底改变了印度历史的走向。

---

[1] 瓦拉纳西：又称贝拿勒斯，位于恒河西岸，著名历史古城。

　　为了留在印度，巴卑尔必须应对本土的各大势力。既要同拉吉普特人做斗争，还要消灭罗第王朝的残余势力。公元 1530 年，巴卑尔驾崩，其子胡马雍（Humayun）继位，成为莫卧儿帝国的第二任君主。不过，很难说胡马雍是位合格的君主，他在位期间大量吸食鸦片，荒废政务。不幸的是，他的对手正是日益强大的舍尔·沙。公元 1539 年至公元 1540 年，双方两次交锋，结果都是舍尔·沙大获全胜。

　　舍尔·沙入主德里，成为德里之主，即意味着将在印度缔造帝国。他是在此称"沙"（即称王）的第一人。过去的德里基本都为地方政权所掌控，而舍尔·沙却控制了从孟加拉至德里的大片疆土。不过，他并不满足于此甚至还进一步出兵拉吉普塔那，从而建立起一个前所未有的幅员辽阔的强盛王朝。

　　舍尔·沙堪称行政天才，其最伟大的壮举便是建立起印度的征税机构。无论是莫卧儿王朝，还是之后的英属印度政府，在税制方面均沿用了舍尔·沙设立的征税机构。他卓越的政治才能也可从中窥知一二。

　　此外，另一大不得不提的舍尔·沙丰功伟绩便是完善了印度的道路系统，他也因此著称于世。他坐拥辽阔的疆域后，刻不容缓的便是修筑道路以加强各地区间的联系。为了修筑道路，他必须派人事先进行精密的土地勘测，而这番土地勘测也恰恰能成为征税的基础。

　　在他的努力下，四条干线道路得以问世。其中最大的干线道路全长两千五百公里，起始于孟加拉的索纳尔冈，途经阿格拉、德里、拉合尔等地，最终抵达印度河。第二条由阿格拉至曼杜，第三条由阿格拉至奇土尔，第四条则是由拉合尔至木尔坦。

　　干线道路两侧栽种着果树，同时还设有一千七百家队商驿馆。为了避免引起宗教争端，舍尔沙在设立旅馆时特意将不同教徒的食宿分开。

　　舍尔·沙在一场意外事故中憾然离世。公元 1545 年 5 月 22 日，即称帝的第五个年头，他在远征途中遭遇的一场出人意料的火药爆炸事故，身负重伤，最终不幸离世。假如没有发生在卡琳加尔（Kalinjar）的火药爆炸事故，印度的历史也会有所改变吧。亡命波斯的胡马雍或许没有机会反扑，印度历史上也就没有了莫卧儿帝国的身影。

舍尔·沙离世后，胡马雍在波斯国王的支持下借到了一支波斯军队，复归德里。正因为舍尔·沙的继任者为争夺王位斗得死去活来，胡马雍才不费吹灰之力就轻轻松松夺回了德里。胡马雍性情善变，做事毫无耐心，是典型的昏君类型。他这样的一部分原因也可能是吸食的鸦片致人萎靡不振。据说鸦片战争时期的道光帝也是如此，两人简直是如出一辙。然而，就连才能平平，毫无耐性的胡马雍都能轻松取胜，可见舍尔·沙的继任者们是何等涣散，何等不堪一击啊！

公元 1539 年，舍尔·沙称帝，建立起苏尔王朝。十六年后，即公元 1555 年，德里重回胡马雍之手，煊赫一时的苏尔王朝就此灭亡。在苏尔王朝存续的十六年时间内，舍尔·沙在位时间仅仅五年，剩余的十一年则一直处于王族内部势力的明争暗斗中。

舍尔·沙离世后，两个儿子——阿迪尔·汗与加拉路·汗——开始了王位之争。最终弟弟加拉路·汗获胜，即伊斯拉姆·沙（Islam Shah）。虽然史书中记为"赛利姆·沙（Salim Shah）"，但从当时的钱币上铸刻的文字来看，"伊斯拉姆·沙"才是正确的。败北后的阿迪尔汗行踪不明。这导致疑心病过重的伊斯拉姆·沙不断逮捕王族、贵族入狱，痛下杀手。舍尔·沙好不容易建立起的帝国基础就这样毁在子孙手里。

虽身居至尊之位，但伊斯拉姆·沙却是一个人在战斗。他甚至是连父亲的名声都要嫉妒，还因此照葫芦画瓢，也兴建了大批队商驿馆。当年，舍尔·沙在干线道路旁一共修建起一千七百家驿馆，驿馆与驿馆间相隔一定距离。这里所谓的"一定距离"是指一天行程的距离。但是伊斯拉姆·沙却在驿馆之间修建了大量旅馆，简直是徒劳的浪费之举！他甚至还不断迫害德才兼备的忠心朝臣们，可谓愚蠢至极！

伊斯拉姆·沙的妻子是他的堂妹，即亲叔叔——尼扎姆·汗（Nizam khan）之女。妻子的兄长——穆巴利兹·汗则是个仅有音乐才华的大草包。不过，伊斯拉姆·沙甚至对他妻子的兄弟——自己的亲堂弟都忌惮不已。

公元 1554 年，伊斯拉姆·沙病逝。从卧病在床直至逝世的那段时间里，他反复命令妻子，"杀掉你哥哥！"妻子安抚道："我哥哥只懂音乐，此外一窍不通。你就放心吧。"不过，伊斯拉姆·沙甚至到死都没打消此想法，一心想除掉妻子之兄。

5

虽然伊斯拉姆·沙确实疑心病极重，但却猜中了妻子之兄——穆巴利兹·汗的野心。伊斯拉姆·沙离世以后，其子——十二岁的菲鲁兹（Firuz）即位。果不其然，穆巴利兹·汗对自己的亲侄子下了杀手，自己登上了帝座。王朝的内斗已升级到了如此境地，想必也是回天乏术了。

引起这般内斗的祸端正是伊斯拉姆·沙所采取的恐怖政策——抓捕入狱，杀害等。见惯了种种残酷的杀人方式后，众人之心已变得麻木不仁。即便十二岁的幼帝被残忍地取下首级，他们也不会惊愕不已，也不会产生恻隐之心。

穆巴利兹·汗即位，称"穆罕默德·阿迪尔·沙 (Muhammad Adil Shah)"，而新帝的两位妹夫也各自称帝，其中的一位自称"易卜拉欣·沙"，另一位称"希坎达尔·沙"。王朝就这样变得四分五裂，分崩离析了。

大约半世纪以前，罗第王朝也诞生过一位希坎达尔·沙——一名声誉远扬、受人敬仰的圣主。然而处于苏尔王朝分裂时代的希坎达尔·沙却是一位昏聩无能，满身缺陷的大昏君。公元 1555 年 6 月，他被胡马雍率领的莫卧儿军击败，交出德里，落荒而逃。最终，他在公元 1557 年向莫卧儿帝国投降，两年后，抱憾而终。

舍尔·沙虽是死于一场意外，但他离世之时已逾古稀之年，所以应在生前仔细考虑一番王位继承问题。也有可能是他本人已充分考虑过了，只是实际情况没有遵照他的意愿顺利进行。他一心想着培养一批优秀的幕僚来辅佐儿子。只是，不争气的儿子反倒四处迫害他生前努力培养出来的忠臣。

位于瑟瑟拉姆的舍尔·沙陵墓宏伟无比，甚至规模超过了泰姬陵。但是，两者的精美程度不可同日而语，泰姬陵完全由纯白色的大理石修砌而成。此外，瑟瑟拉姆还建有舍尔·沙父亲——哈桑·汗的陵墓。父子两座陵墓的大体形状极为相似，只是舍尔·沙陵墓四周环绕着湖水——长方形的湖池十分宽阔，长边超过四百米。他的陵墓看上去恰似建于湖中的小岛。

舍尔沙与舍尔沙陵墓

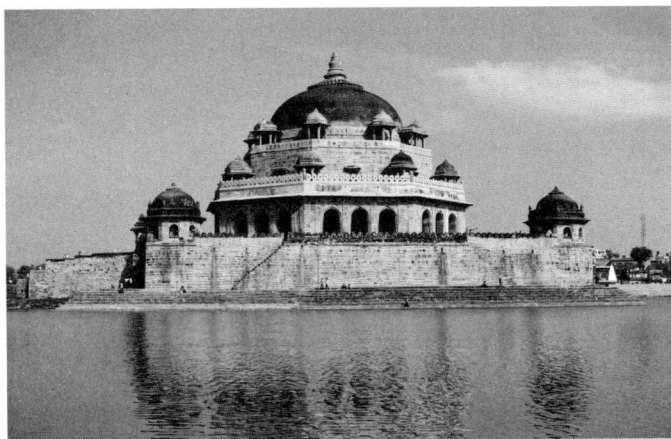

　　舍尔·沙的陵墓如今已成了市民娱乐地兼妇女洗衣场。宽广的河岸由石头铺砌而成，因此容易拍打衣服。要是衣服少的话，还能就地铺开晾晒。有人在里面泡冷水浴，也有小孩在里面游泳。美丽的睡莲漂浮在岸边的水面上，只是周遭的湖水不再澄澈见底了。

　　不知道印度主妇使用的是什么洗涤剂，湖岸边到处堆聚着刺眼的青色泡沫。这些泡沫堆儿似乎是象征着那些愚蠢的后继者们，亲手摧毁了舍尔·沙缔造的伟业。

　　莫卧儿帝国无疑是幸运的，如同大唐帝国一样幸运——隋朝开凿运河、建设国都、远征高丽，而大唐从其手中接过了江山。

　　从瑟瑟拉姆前往瓦拉纳西的途中，我们瞧见了一座残留在田野间的大石桥——大概是因水路变化而逐渐被废弃的大桥。更令我吃惊的是，这桥还是舍尔·沙建造的。当今所建造的道路，不远处便是这位 16 世纪的伟大帝王建造的干线道路，甚至有不少是在原有道路的基础上进行局部现代化而成的。这座石桥足够气派，让人误以为是钢筋桥。

　　每每看到这些遗迹和陵墓，我多少也能明白处理好后继问题是何等不易。即便是像舍尔·沙这般全知全能的圣主，后继问题也成了他致命的弱点。不过，倘若真是全知全能的话，那就成了怪物，令人毛骨悚然。当我读到舍尔·沙的继任者们如此愚钝之时，我才感受到他是个有血有肉的热血男儿，令人倍感亲切。

跋

　　岁月如梭，我在不知不觉中走过了喜寿（七十七岁的雅称）。回首往事，我会觉得在五六十岁那段时光最为充实，自己的心智全然成熟且体力尚未衰退，还有余力伏案工作。

　　1974 年，我迈入了五十大关。是年 1 月起，周刊、月刊上开始连载我的作品：在周刊连载《小说十八史略》，在月刊杂志《大众读物》连载《秘本三国志》，其他小说也相继连载于《周刊朝日》《周刊读卖》。同年 9 月，我抛下工作，开始了长达四十多天的中国之旅。11 月起，我开始潜心构思首部报纸连载小说——《风云儿郑成功》[1]。有时，我也会惊讶于自己的这般工作状态。不过可喜的是，我从未觉得工作令我痛苦。仔细想来，这大大归功于自己劳逸结合、适当放松的生活模式。

　　由于工作的关系，我经常前往京都同友人们相聚，举办座谈会——"历史与文学会"。此会由我、奈良本辰也、会田雄次、原田伴彦、邦光史郎等人一同创设。之后，辻邦生、山崎正和、野口武彦等人也加入其中。驹敏郎、百濑明治等人主要负责人事相关工作。

---

[1] 简体中文版出版书名为《台海风暴》。

"历史与文学会"定期举行，每年召开四次会议。同时，同人谈话、同人文章等都会收录在《历史与文学》这本季刊杂志中。该杂志由三一书房、讲谈社、平凡社轮流发行。由于座谈会基本都于京都祇园举办，所以我对会后的聚餐期待万分。

虽然我自己也搞不明白《历史与文学》到底是属于季刊杂志还是同人杂志，但可以肯定它绝对不是所谓的商业杂志，所以无须考虑销量情况。当时，以中国为背景的小说早已风行日本，而出版社又不会轻易接受单纯讲述印度故事的作品，尤其是长篇小说。因此，我决定将印度的莫卧儿王朝衰亡史连载于《历史与文学》。将连载的作品汇编成书后即为《印度三国志》，1984 年由平凡社出版，如今也收录于讲谈社文库中。

除连载小说之外，我的个人随笔也连载于《历史与文学》。事实上，我们每次举办座谈会时都会事先拟定题目，我再根据题目执笔写文。在座谈会上，同人们各抒己见，畅所欲言。

在聚会后半部分，我们通常讨论下一次座谈会的话题，例如，"间谍怎么样，很有趣吧""讲讲女性吧"等精彩候选话题纷呈。最终，经过我们的一番讨论，话题定为"间谍"。距离下一次座谈会还有三个月的时间，可以利用这段时间为座谈会做充分准备。我主要是从中国史中找出与间谍相关的故事，然后付诸笔端，向同人们、读者们讲述故事。本书第六章节就是这样诞生的。

本书的每章主题看上去随意无比，但事实上是命题作文。虽说为命题作文，但自己却也是命题组的一员。因此，这些文章不完全属于被动创作。主题虽是大家讨论之后决定的，但其中也不乏一些我单方面强烈要求的主题。

在忙碌而充实的 20 世纪七八十年代，我随同 NHK 走访丝绸之路，抵达丝路终点——罗马，完成了中国通史十五卷《中国的历史》[1]。不过，

---

[1] 此为最早的平凡社版本，出版于公元 1980 年—公元 1983 年。

那也是一段畅游京都，享受生活的美好岁月。或许由于那段时光过于欢乐，以至于让我产生了这些文章已经汇编成册的错觉。幸得畏友——芦泽孝作鼎力相助，他调查发现这些文章尚未汇编在一处。在此，我真诚地感谢芦泽君的努力。

"观光"，即欣赏景色；"观风"则是观察风土人情。画家在观光中挥舞画笔，文人则在观风中执笔书文。收录于此的文章既无清晰的脉络，也无特定的主旨，不过都是在揣测历史人物的内心世界。这些文章是我五十多岁写的，而如今的我有许多看法都不同了，本应对文章进行订正，但却完全没有要改的。我在再次阅读这些文章之时，倍感轻松愉悦。谨以此书进献 21 世纪。

陈舜臣